# 快音快調中国語（初級）

朱 継征 著

## 音声について

本書の音声は、下記サイトより無料でダウンロード、
およびストリーミングでお聴きいただけます。

https://stream.e-surugadai.com/books/isbn978-4-411-03158-7/

＊ご注意
・PC からでも、iPhone や Android のスマートフォンからでも音声を再生いただけます。
・音声は何度でもダウンロード・再生いただくことができます。
・当音声ファイルのデータにかかる著作権・その他の権利は駿河台出版社に帰属します。
　無断で複製・公衆送信・転載は禁止されています。

# はじめに

　本書は大学一年生向けの入門書で、中国語を「快音快調」できるようになることを目指している。「快音」とは母語話者同然の美しい発音、「快調」とは母語話者同然の流暢さを指す。「発音編」と「会話編」の二部構成で、2つの特色がある。

　①「発音編」は類似音の聞き分けと発音し分けの練習によって「快音」の定着を目指す。発音の要領を簡潔に説明した上で、同音異調、同調類似音（例えば、同声調の無気音と有気音、前鼻音と後鼻音、舌面・舌歯・巻舌音など）の聞き分けと発音し分けの練習問題が系統的に用意してあるので、一通り練習すれば聞き取りだけでなく、「快音」ができるようになる。

　外国語の発音習得においては、発音のメカニズムに関する基礎知識が有用であり、発声器官の形、位置、発声法などが正しければ、綺麗な発音ができるはずである。発音にズレがあっても、類似音の比較練習によって学生は自信を持って自ら修正できる。

　②「会話編」では「速問即答」の原則を徹底させている。外国語習得においては、受動的受信（聞く、読む）より主動的発信（話す、書く）の方が学習定着度が高い。しかし、熟知の場面、話題、文法理解、豊富な語彙、話し相手という5つの不可欠の条件が揃わないと、能率よく会話することは難しい。そこで本書はこれらの難点を克服するために、以下のように「会話編」の各課を構成した。

1) **"会话・生词"** では、会話の見本として、身近な場面、話題と単語の説明を提供している。
2) **"语法"** では、文法理解を深め、会話力・作文力を高めるために、多くの良質の例文を提供している。
3) **"练习"** では、習った文法項目を活用させるために、書取り、会話、作文などの練習問題を提供している。
4) **"替换练习"** では、その課で習った構文を活かし、問答体の会話文を設定し、置き換え可能な部分は枠で示した。
5) **"补充生词"** では、整理・分類した関連語彙を最大限提供し、速問即答方式の置き換え練習が素早く行えるように工夫した。

　授業では学生同士を互いに話し相手にすれば、上記の5つの不可欠の条件が全て揃う。最初学生達は **"替换练习"** と **"补充生词"** という「杖」を頼りとせざるを得ないが、慣れてくれば、「杖」は不必要になる。そこでひたすら「速問即答方式」の会話をすれば、今学んだものを直ちに再確認・練習し、活用・定着させることができる。実際に90分の授業で専ら「速問即答方式」の会話を行えば、数十名の学生に何百回も問答してもらえる。しかも普段照れていて会話しづらいケースでも、中国語なら平気で冗談を交えて大変楽しく会話してもらえる。語学の授業であればこそ、異文化の理解、学生同士の相互理解と友情を深め、学生達に自分なりの、青春時代の楽しい思い出を沢山作ってもらえるに違いない。

　本書の編集・校正及び音声録音にあたり、彭浩先生、徐猛先生、王暁音先生と駿河台出版社の浅見忠仁さんに大変お世話になりました。この場をお借りして心から感謝申し上げます。

2023 年 3 月 11 日

著者

# 目　次

**発音編** ⋯⋯⋯⋯⋯⋯⋯⋯⋯⋯⋯⋯⋯⋯⋯⋯⋯⋯⋯⋯⋯⋯⋯⋯⋯ 7-35
　　一、母音表
　　二、子音表

**発音-1** ⋯⋯⋯⋯⋯⋯⋯⋯⋯⋯⋯⋯⋯⋯⋯⋯⋯⋯⋯⋯⋯⋯⋯⋯ 8-11
　　一、声調
　　二、単母音と捲舌母音
　　三、複母音

**発音-2** ⋯⋯⋯⋯⋯⋯⋯⋯⋯⋯⋯⋯⋯⋯⋯⋯⋯⋯⋯⋯⋯⋯⋯ 12-15
　　一、子音　[ 1) 唇音　2) 舌尖音　3) 舌根音　4) 舌面音　5) 舌歯音　6) 捲舌音 ]
　　二、無気音と有気音
　　三、摩擦音

**発音-3** ⋯⋯⋯⋯⋯⋯⋯⋯⋯⋯⋯⋯⋯⋯⋯⋯⋯⋯⋯⋯⋯⋯⋯ 16-19
　　一、鼻母音　[ 1) 前鼻音　2) 後鼻音 ]
　　二、鼻母音と日本語の音読み
　　三、声調記号をつける位置

**発音-4** ⋯⋯⋯⋯⋯⋯⋯⋯⋯⋯⋯⋯⋯⋯⋯⋯⋯⋯⋯⋯⋯⋯⋯ 20-23
　　一、軽声
　　二、第3声の変調
　　三、中国語の音節構造

**発音-5** ⋯⋯⋯⋯⋯⋯⋯⋯⋯⋯⋯⋯⋯⋯⋯⋯⋯⋯⋯⋯⋯⋯⋯ 24-27
　　一、母音 e の変化
　　二、数詞 "一" と否定詞 "不" の変調
　　三、"儿化"

**発音-6** ⋯⋯⋯⋯⋯⋯⋯⋯⋯⋯⋯⋯⋯⋯⋯⋯⋯⋯⋯⋯⋯⋯⋯ 28-31
　　一、消える (e) と (o)
　　二、ü のピンイン表記
　　三、発音しにくい複母音

**発音-7** ⋯⋯⋯⋯⋯⋯⋯⋯⋯⋯⋯⋯⋯⋯⋯⋯⋯⋯⋯⋯⋯⋯⋯ 32-35
　　一、隔音符号
　　二、3つの i
　　三、舌面音、舌歯音と捲舌音

**会話編** ···································································································· 36-89

　　　日常用語

　　　品詞略称表

第 **1** 課 ┃ **你叫什么名字?** ·············································································· 38-41

　　　一、人称代名詞

　　　二、姓名の聞き方

　　　三、"是"構文

第 **2** 課 ┃ **你是留学生吧?** ·············································································· 42-45

　　　一、場所代名詞

　　　二、疑問文　［ 1) 疑問詞疑問文　2)"吗"疑問文　3)"吧"疑問文　4)"呢"疑問文 ］

第 **3** 課 ┃ **你学习什么专业?** ··········································································· 46-49

　　　一、基本構文（1）動詞述語文

　　　　　1) 主語と述語動詞だけの場合　　　2) 述語動詞が目的語をとる場合

　　　　　3) 述語動詞が２つの目的語をとる場合　4) 述語動詞が従属節の目的語をとる場合

第 **4** 課 ┃ **你家有几口人?** ·············································································· 50-53

　　　一、親族呼称

　　　二、"有"構文（1）

　　　三、"两"と"二"の使い分け

第 **5** 課 ┃ **哪个相机是你的?** ··········································································· 54-57

　　　一、指示代名詞

　　　二、構造助詞"的"

　　　三、基本構文（2）形容詞述語文

第 **6** 課 ┃ **你今年多大?** ················································································ 58-61

　　　一、数詞　［ 1) 番号の言い方　2) 数の言い方　3) 年の言い方と尋ね方 ］

　　　二、年齢の尋ね方

　　　三、多＋形容詞 疑問文

第 **7** 課 ┃ **你的生日是几月几号?** ······································································ 62-65

　　　一、時間詞

　　　二、基本構文（3）名詞述語文

第 8 课 | 你家有电脑吗? ···················································· 66-69
一、"有"構文と"在"構文
二、"着"存在文
三、禁止の表現 ["请不要～"、"不要～"、"别～"]

第 9 课 | 你弟弟高，还是你高? ············································ 70-73
一、比較文 [ 1) A跟B一样  2) A有B这么／那么～  3) A比B～ ]
二、基本構文（4）主述述語文

第 10 课 | 你都买什么了? ·················································· 74-77
一、常用量詞一覧
二、連動文（1）
三、語気助詞"了1"と動相助詞"了2"（1）

第 11 课 | 这是你们家的照片吗? ·········································· 78-81
一、方位詞
二、副詞"在"と進行相
三、"着"と姿勢動詞 [ 1) 持続相  2) 連動文（2）  3) 連体修飾語としての用法 ]

第 12 课 | 你每天几点起床? ·············································· 82-85
一、時間の言い方
  [ 1) 時刻の言い方  2) 時刻の尋ね方  3) 時間詞の文中における位置 ]
二、名詞述語文と動詞述語文（2）
三、連動文（3）["着"と2つの動作の同時進行 ]

第 13 课 | 你喝可乐，还是喝咖啡? ········································ 86-89
一、選択疑問文
二、助動詞"想"
三、助動詞"会"

# 発　音　編

| | | a | o | e | i | u | ü |
|---|---|---|---|---|---|---|---|
| 母音 | 単母音 | | | | (yi) | (wu) | (yu) |
| | 捲舌母音 | er | | | | | |
| | 複母音 — ＞前強型 | ai | ei | ao | ou | | |
| | 複母音 — ＜後強型 | ia | ie | ua | uo | üe | |
| | | (ya) | (ye) | (wa) | (wo) | (yue) | |
| | 複母音 — ◇中強型 | iao | iou | uai | uei | | |
| | | (yao) | (you) | (wai) | (wei) | | |
| | 鼻母音 — 前鼻音 | an | ian | uan | üan | | |
| | | | (yan) | (wan) | (yuan) | | |
| | | en | in | uen | ün | | |
| | | | (yin) | (wen) | (yun) | | |
| | 鼻母音 — 後鼻音 | ang | iang | uang | ong | | |
| | | | (yang) | (wang) | | | |
| | | eng | ing | ueng | iong | | |
| | | | (ying) | (weng) | (yong) | | |

| | 無気音 | 有気音 | 鼻　音 | 摩擦音 | 有声音 |
|---|---|---|---|---|---|
| ① 唇　　音 | b (o) | p (o) | m (o) | f (o) | |
| ② 舌 尖 音 | d (e) | t (e) | n (e) | | l (e) |
| ③ 舌 根 音 | g (e) | k (e) | | h (e) | |
| ④ 舌 面 音 | j (i) | q (i) | | x (i) | |
| ⑤ 捲 舌 音 | zh (i) | ch (i) | | sh (i) | r (i) |
| ⑥ 舌 歯 音 | z (i) | c (i) | | s (i) | |

# 発音−1

音節内の高低上昇下降の区別を**声調**と言う。基本形は４種類なので"**四声**"とも言う。

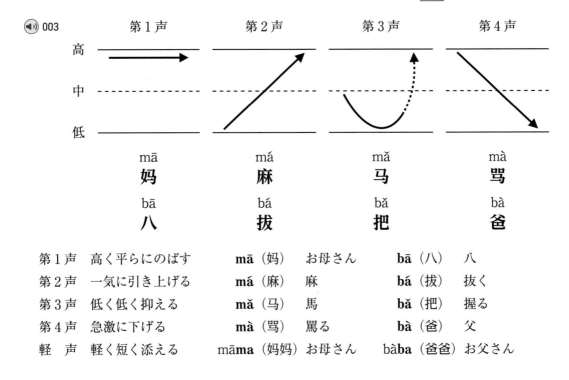

第１声　高く平らにのばす　　　**mā**（妈）　お母さん　　　**bā**（八）　八
第２声　一気に引き上げる　　　**má**（麻）　麻　　　　　　**bá**（拔）　抜く
第３声　低く低く抑える　　　　**mǎ**（马）　馬　　　　　　**bǎ**（把）　握る
第４声　急激に下げる　　　　　**mà**（骂）　罵る　　　　　**bà**（爸）　父
軽　声　軽く短く添える　　　　māma（妈妈）お母さん　　bàba（爸爸）お父さん

## 二、単母音（６個）と捲舌母音（１個）  004

| a o e i u ü | er |

（そり舌母音ともいう）

**a**　　　　　「ア」より口を大きく開けて、明るく「アー」。

**o**　　　　　「オ」よりも唇を丸く突き出して「オー」。

**e**　　　　　舌先を下歯から離し、舌全体を奥に引っこめるようにして声を出す。

**i** ＝yi　　舌先を下歯につけて、「イ」より唇を左右に引いて「イー」。

**u** ＝wu　　「ウ」よりも唇を丸く突き出し、舌先を下歯から離して「ウー」。

**ü** ＝yu　　横笛を吹くときのように唇をうんと小さくすぼめて「ュィー」。

**er**　　　　eを発音しながら、舌先をヒョイとそり上げる。

★ 《练习 1 liànxíyi》 （四声の練習）

1) 先生の後について第1声から第4声まで発音しなさい。次に先生が1つだけ発音する。
それを＿＿＿＿＿に書き取りなさい。

① ā á ǎ à ＿＿＿＿＿＿＿ ② ō ó ǒ ò ＿＿＿＿＿＿＿

③ ē é ě è ＿＿＿＿＿＿＿ ④ ī í ǐ ì ＿＿＿＿＿＿＿

⑤ ū ú ǔ ù ＿＿＿＿＿＿＿ ⑥ ǖ ǘ ǚ ǜ ＿＿＿＿＿＿＿

2) 先生の後について発音されたものを＿＿＿＿＿に書きなさい。

① mā má mǎ mà ＿＿＿＿ （马） ② mō mó mǒ mò ＿＿＿＿ （末）

③ bā bá bǎ bà ＿＿＿＿ （八） ④ bō bó bǒ bò ＿＿＿＿ （伯）

⑤ mī mí mǐ mì ＿＿＿＿ （米） ⑥ bī bí bǐ bì ＿＿＿＿ （必）

3) 先生の後について下記の＿＿＿＿＿に発音されたピンインを書き取りなさい。

| | | | |
|---|---|---|---|
| ā | á | ǎ | à ＿＿＿＿＿ （阿） |
| ō | ó | ǒ | ò ＿＿＿＿＿ （噢） |
| ē | é | ě | è ＿＿＿＿＿ （饿） |
| ēr | ér | ěr | èr ＿＿＿＿＿ （二） |

（口を広く開ける）

- - - - - - - - - - - - - - - - - - - - - - - - - - - - - - - - - - - - - - - - - -

| | | | |
|---|---|---|---|
| ī＝yī | í＝yí | ǐ＝yǐ | ì＝yì ＿＿＿＿＿ （一） |
| ū＝wū | ú＝wú | ǔ＝wǔ | ù＝wù ＿＿＿＿＿ （五） |
| ǖ＝yū | ǘ＝yú | ǚ＝yǔ | ǜ＝yù ＿＿＿＿＿ （鱼） |

（狭くなる→書き換え）

# ■ 三、複母音（13個）：

ai や iao のように単母音が 2 つ以上連なって、「なめらかに」発音するものを「複母音」という。三つのタイプに分けられる。

## （1）前強型（＞）： 🔊 005

| ai | ei | ao | ou |
|---|---|---|---|

**ai**　「アー」に軽く「イ」を添えて「アーィ」。

**ei**　e は後続する i に引かれ「エ」となる。軽く「イ」を添えて「エィ」。

**ao**　「アー」に軽く「オ」を添えて「アーオ」。

**ou**　唇を丸くして「オ」を出し、軽く「ウ」を添えて「オーウ」。

## （2）後強型（＜）： 🔊 006

| -ia | -ie | -ua | -uo | -üe |
|---|---|---|---|---|
| (ya) | (ye) | (wa) | (wo) | (yue) |

**ia** = (ya)　「イ」の構えから「アー」へなめらかにつなぎ「イアー」。

**ie** = (ye)　e は i に引かれ「エ」に近くなる。「イ」の構えから「イエー」。

**ua** = (wa)　唇を丸く突き出し「ウ」の構えから「ア」を発音し「ウアー」。

**uo** = (wo)　唇を丸く突き出し「ウ」の構えから「オ」へなめらかにつなぎ「ウオー」。

**üe** = (yue)　唇をすぼめて「ュエー」。e は ü に引かれて「エ」になる。

注：（　）内は前に子音がつかず、母音だけで音節をなす場合の“ピンイン”つづり。

## （3）中強型（◇）： 🔊 007

| -iao | -iou | -uai | -uei |
|---|---|---|---|
| (yao) | (you) | (wai) | (wei) |

**iao** = (yao)　「イ」の構えから a をはっきりと出し、「イャオー」となめらかに。

**iou** = (you)　「イォウー」となめらかに。

**uai** = (wai)　「ウ」の構えから a をはっきりと出し、「ゥワイー」となめらかに。

**uei** = (wei)　「ゥエイー」となめらかに。

★〈 练习 2 liànxí'èr 〉（四声の練習）

1）単母音の単語の発音を聞いて、声調記号をつけなさい。

🔊 008

① 阿姨 __ayi__　② 阿爸 __aba__　③ 阿妈 __ama__　④ 意义 __yiyi__　⑤ 大衣 __dayi__

⑥ 浴衣 __yuyi__　⑦ 大雨 __dayu__　⑧ 义务 __yiwu__　⑨ 蚂蚁 __mayi__　⑩ 拔牙 __baya__

2）同音**異調**の単語の発音を聞き分けて、発音された方の□にチェックしなさい。

🔊 009

① 牙医 yáyī □ / 亚裔 yàyì □　② 优雅 yōuyǎ □ / 幼芽 yòuyá □　③ 悠悠 yōuyōu □ / 油油 yóuyóu □　④ 优遇 yōuyù □ / 幼鱼 yòuyú □

⑤ 雨衣 yǔyī □ / 语义 yǔyì □　⑥ 乌鸦 wūyā □ / 无涯 wúyá □　⑦ 吴语 Wúyǔ □ / 物欲 wùyù □　⑧ 雨季 yǔjì □ / 虞姬 Yújī □

⑨ 野马 yěmǎ □ / 页码 yèmǎ □　⑩ 武艺 wǔyì □ / 无益 wúyì □　⑪ 羽翼 yǔyì □ / 浴衣 yùyī □　⑫ 比喻 bǐyù □ / 碧玉 bìyù □

⑬ 密秘 mìmì □ / 弥弥 mímí □　⑭ 御笔 yùbǐ □ / 玉璧 yùbì □　⑮ 务必 wùbì □ / 舞弊 wǔbì □　⑯ 比武 bǐwǔ □ / 笔误 bǐwù □

⑰ 布衣 bùyī □ / 不易 búyì □　⑱ 马医 mǎyī □ / 蚂蚁 mǎyǐ □　⑲ 利欲 lìyù □ / 鲤鱼 lǐyú □　⑳ 一亿 yíyì □ / 意义 yìyì □

★〈 会话 huìhuà 〉（初対面のあいさつ）🔊 010

A：您好！　（こんにちは。）（A ＝ 日本人学生）
　　Nínhǎo!

B：您好！　（こんにちは。）（B ＝ 中国人学生）
　　Nínhǎo!

# 発音 - 2

## 一、子音（21個）:

口型、舌位により、唇音、舌尖音、舌根音、舌面音、舌歯音、捲舌音などに分けられる。

### 1) 唇音: 🔊 011

$$\boxed{\mathbf{b}(o) \qquad \mathbf{p}(o) \qquad \mathbf{m}(o) \qquad \mathbf{f}(o)}$$ （-o）より（-a）の方が発音しやすい。

**b**(a)　両唇をしっかり閉じ、息を十分にため、両唇を急に開けて「バー」。
**p**(a)　閉じた両唇を蓄えた息で破るように、息を強く吐き出して「パー」。
**m**(a)　同様に、「マー」。
**f**(a)　下唇を上歯につけて、息はその間から摩擦させて出して「ファー」。

### 2) 舌尖音: 🔊 012

$$\boxed{\mathbf{d}(e) \qquad \mathbf{t}(e) \qquad \mathbf{n}(e) \qquad \mathbf{l}(e)}$$ （-e）より（-a）の方が発音しやすい。

**d**(a)　舌尖を上歯茎につけて息をとめ、急に舌尖を上歯茎から離して「ダー」。
**t**(a)　上の要領で息をとめ、強く息を吐き出して「ター」。
**n**(a)　上の要領で息をとめ、鼻から息を抜くようにして「ナー」。
**l**(a)　上の要領で息をとめ、急に舌尖を上歯茎から離して「ラー」。

### 3) 舌根音: 🔊 013

$$\boxed{\mathbf{g}(e) \qquad \mathbf{k}(e) \qquad \mathbf{h}(e)}$$ （-e）より（-a）の方が発音しやすい。

**g**(a)　舌根を軟口蓋につけて息をとめる。急に舌根を軟口蓋から離して「ガー」。
**k**(a)　同上で息をとめ、急に舌根を軟口蓋から離して強く息を吐き出して「カー」。
**h**(a)　同上で息をとめる。息は舌根と軟口蓋の間から摩擦させて出して「ハー」。

---

★ 《練習1 liànxíyí》同音**異調**の単語の発音を聞き分けて、発音された方の□にチェックしなさい。

🔊 014

① 臂力 bìlì □ / 比例 bǐlì □
② 破密 pòmì □ / 破谜 pòmí □
③ 发绿 fālǜ □ / 法律 fǎlǜ □
④ 地理 dìlǐ □ / 地利 dìlì □
⑤ 啼哭 tíkū □ / 题库 tíkù □
⑥ 努力 nǔlì □ / 奴隶 núlì □
⑦ 隔离 gélí □ / 个例 gèlì □
⑧ 河底 hédǐ □ / 河堤 hédī □

4) 舌面音 ： 🔊 015

| **j**(i) | **q**(i) | **x**(i) |
| --- | --- | --- |

**j** (i)　口を左右に十分に引き、前舌面をもりあげて口蓋前部につけて「ヂー」。

**q** (i)　上の要領で、息を強く吐き出して「チー」。

**x** (i)　上の要領で、息は前舌面と口蓋前部の間から摩擦させて出して「シー」。

5) 舌歯音 ： 🔊 016

| **z**(i) | **c**(i) | **s**(i) |
| --- | --- | --- |

**z** (i)　口を左右に十分に引いて舌先を下歯の裏に押し付けて「ズー」。

**c** (i)　同上で、息を強く吐き出して「ツー」。

**s** (i)　同上の形で、「スー」。

6) 捲舌音 ： 🔊 017

| **zh**(i) | **ch**(i) | **sh**(i) | **r**(i) | （そり舌音・舌尖後音ともいう） |
| --- | --- | --- | --- | --- |

**zh**(i)　舌先をそり上げ、やや硬口蓋よりの歯茎に押しつけたままで「ヂー」。

**ch**(i)　同上で、息を強く出し閉鎖を破って「チー」。

**sh**(i)　同上であるが、少し隙間を開けて「シー」。

**ri**(i)　舌先を硬口蓋に押しつけたままで「リー」のつもりで。

★ 《練習 2 liànxí'èr》 同音**異調**の 舌面音 、 舌歯音 、 捲舌音 の単語を聞き分けて、発音された方の□
にチェックしなさい。

🔊 018

① 及其 jíqí □／激起 jīqǐ □

② 七夕 qīxī □／气息 qìxī □

③ 吸气 xīqì □／喜气 xǐqì □

④ 自此 zìcǐ □／字词 zìcí □

⑤ 私自 sīzì □／四字 sìzì □

⑥ 直自 zhízì □／质子 zhìzǐ □

⑦ 赤子 chìzǐ □／池子 chízi □

⑧ 实习 shíxí □／世袭 shìxí □

## 二、無気音と有気音：

　　声母の発音とほぼ同時に韻母の母音を発する。声母と韻母の間に<u>気音</u>が漏れないので 無気音 という。声母の発音の後に一瞬の間をおいて、韻母の母音を発声しはじめる。この一瞬の間に気音が自然に漏れるので 有気音 という。

🔊 019　　　「**無気音**」　　「**有気音**」

(1) 八 bā　　　　趴 pā

(2) 搭 dā　　　　他 tā

(3) 嘎 gā　　　　咖 kā

(4) 家 jiā　　　　掐 qiā

(5) 咂 zā　　　　擦 cā

(6) 扎 zhā　　　　插 chā

★ 〈 練習 3 liànxísān 〉 無気音 と 有気音 を聞き分けて、発音された方の□にチェックしなさい。

🔊 020　A { 無気音 <u>b</u> / 有気音 <u>p</u> }　① { 拔树 <u>b</u>áshù □ / 爬树 <u>p</u>áshù □ }　② { 拜别 <u>b</u>àibié □ / 派别 <u>p</u>àibié □ }　③ { 表白 <u>b</u>iǎobái □ / 漂白 <u>p</u>iǎobái □ }

🔊 021　B { 無気音 <u>d</u> / 有気音 <u>t</u> }　① { 大部 <u>d</u>àbù □ / 踏步 <u>t</u>àbù □ }　② { 对话 <u>d</u>uìhuà □ / 退化 <u>t</u>uìhuà □ }　③ { 读书 <u>d</u>úshū □ / 图书 <u>t</u>úshū □ }

🔊 022　C { 無気音 <u>g</u> / 有気音 <u>k</u> }　① { 稿费 <u>g</u>ǎofèi □ / 考费 <u>k</u>ǎofèi □ }　② { 构架 <u>g</u>òujià □ / 扣价 <u>k</u>òujià □ }　③ { 跪拜 <u>g</u>uìbài □ / 溃败 <u>k</u>uìbài □ }

🔊 023　D { 無気音 <u>j</u> / 有気音 <u>q</u> }　① { 疾苦 <u>j</u>íkǔ □ / 凄苦 <u>q</u>īkǔ □ }　② { 鸡鸭 <u>j</u>īyā □ / 欺压 <u>q</u>īyā □ }　③ { 计划 <u>j</u>ìhuà □ / 气话 <u>q</u>ìhuà □ }

🔊 024　E { 無気音 <u>z</u> / 有気音 <u>c</u> }　① { 子时 <u>z</u>ǐshí □ / 此时 <u>c</u>ǐshí □ }　② { 自述 <u>z</u>ìshù □ / 次数 <u>c</u>ìshù □ }　③ { 坐车 <u>z</u>uòchē □ / 错车 <u>c</u>uòchē □ }

🔊 025　F { 無気音 <u>zh</u> / 有気音 <u>ch</u> }　① { 扎手 <u>zh</u>āshǒu □ / 插手 <u>ch</u>āshǒu □ }　② { 摘除 <u>zh</u>āichú □ / 拆除 <u>ch</u>āichú □ }　③ { 竹叶 <u>zh</u>úyè □ / 除夜 <u>ch</u>úyè □ }

## 三、摩擦音：

呼気が口の中の狭められたところを通過するときに聞こえる発音を 摩擦音 という。摩擦音 は
唇音 (f)、舌根音 (h)、舌面音 (x)、舌歯音 (s)、捲舌音 (sh) を含む。

★ 《練習 4 liànxísì》 摩擦音 の 唇音 と 舌根音 を聞き分けて、発音された方の□にチェックしなさい。

🔊 026　A $\begin{cases} 唇 \ 音 \ \underline{f}u \\ 舌根音 \ \underline{h}u \end{cases}$ ① $\begin{cases} 赴会 \ \underline{f}ùhuì \ \square \\ 互惠 \ \underline{h}ùhuì \ \square \end{cases}$ ② $\begin{cases} 服饰 \ \underline{f}úshì \ \square \\ 胡适 \ \underline{H}úshì \ \square \end{cases}$ ③ $\begin{cases} 附注 \ \underline{f}ùzhù \ \square \\ 互助 \ \underline{h}ùzhù \ \square \end{cases}$

🔊 027　B $\begin{cases} 唇 \ 音 \ \underline{f}en \\ 舌根音 \ \underline{h}un \end{cases}$ ① $\begin{cases} 分钱 \ \underline{f}ēnqián \ \square \\ 婚前 \ \underline{h}ūnqián \ \square \end{cases}$ ② $\begin{cases} 分均 \ \underline{f}ēnjūn \ \square \\ 昏君 \ \underline{h}ūnjūn \ \square \end{cases}$ ③ $\begin{cases} 奋战 \ \underline{f}ènzhàn \ \square \\ 混战 \ \underline{h}ùnzhàn \ \square \end{cases}$

★ 《練習 5 liànxíwǔ》 摩擦音 の 舌面音、舌歯音、捲舌音 を聞き分けて、発音された方の□にチェックしなさい。

🔊 028　A $\begin{cases} 舌面音 \ \underline{x} \\ 舌歯音 \ \underline{s} \\ 捲舌音 \ \underline{sh} \end{cases}$ ① $\begin{cases} 西服 \ \underline{x}īfú \ \square \\ 伺服 \ \underline{s}ìfú \ \square \\ 湿敷 \ \underline{sh}īfú \ \square \end{cases}$ ② $\begin{cases} 西法 \ \underline{x}īfǎ \ \square \\ 司法 \ \underline{s}īfǎ \ \square \\ 施法 \ \underline{sh}īfǎ \ \square \end{cases}$ ③ $\begin{cases} 虚礼 \ \underline{x}ūlǐ \ \square \\ 司礼 \ \underline{s}īlǐ \ \square \\ 梳理 \ \underline{sh}ūlǐ \ \square \end{cases}$

★ 《会话 huìhuà》（初対面のあいさつ）🔊 029

A：请问，您 贵姓?　　　　　（すみません。お名前は？）
　　Qǐngwèn, nín guìxìng?

B：我 姓 于，叫 于姗。　　　（私は于です。于姗と申します。）
　　Wǒ xìng Yú, jiào Yúshān.

# 発音 - 3

一、鼻母音 （-n や -ng をもつ母音）（16個）：

前鼻音（-n 8個）と後鼻音（-ng 8個）に分けられる。日本語は -n も -ng も「ン」とみなして区別しないが、実際の発音では、例えば、「アンナイ」では前鼻音 -n が、「アンガイ」では後鼻音 -ng が現れている。前鼻音韻尾 -n は「案内」の「アン（ann-）」のように舌先を上の歯茎につけたまま鼻にかけて発音する。後鼻音韻尾 -ng は「案外」の「アン（ang-）」のように舌を低位にのばしたまま鼻にかけて発音する。

1) 前鼻音： ◀)) 030

（-n 8個）
| an | ian | uan | üan | en | in | uen | ün |

2) 後鼻音： ◀)) 031

（-ng 8個）
| ang | iang | uang | ong | eng | ing | ueng | iong |

| an | | a を発音し、舌先を上の歯茎に押しつけて「アーヌ」。 |
|---|---|---|
| ang | | 口を大きく開けて舌を低位にのばしたまま、奥寄りの a を出して「アーン」。 |
| ian | =（yan） | a は i と n に挟まれて「エ」となり、「イエヌ」という感じで。 |
| iang | =（yang） | 最後まで口を大きく開けて舌を低位にのばしたままで「ャン」。 |
| uan | =（wan） | 唇を丸く突き出した u から an へ「ゥアヌ」。 |
| uang | =（wang） | 犬の「ワンワン」の「ゥアン」。 |
| üan | =（yuan） | 唇を丸めた ü から an へ「ュアヌ」。 |
| en | | この e はやや「エ」に近く、「エヌ」。 |
| eng | | やや口の奥のほうから「オン」のつもりで。 |
| in | =（yin） | 舌の先を上の歯茎に押しつけて「イヌ」。 |
| ing | =（ying） | 舌を低位にのばしたままで、息を十分鼻に通して「イン」。 |
| u(e)n | =（wen） | 唇を丸めた u から en へ「ウエヌ」。前に子音がつく。 |
| ueng | =（weng） | 「ウォン」。 |
| ün | =（yun） | ü をはっきり出し、n へ「ユイヌ」。 |
| ong | | 唇を丸め、「オン」。必ず前に子音がつく。 |
| iong | =（yong） | 唇をすぼめて ü の構えから「ュオン」。 |

★ 《練習 1 liànxíyī》 前鼻音（-n）と後鼻音（-ng）を比較して、発音し分ける練習をしなさい。

🔊 032　① an　ang　　ang　an　　　② yan　yang　　yang　yan

③ wan　wang　　wang　wan　　④ üan　ong　　ong　üan

⑤ en　eng　　eng　en　　　⑥ yin　ying　　ying　yin

⑦ wen　weng　　weng　wen　　⑧ ün　yong　　yong　ün

⑨ an　yang　　yang　an　　　⑩ wen　ong　　ong　wen

⑪ en　ong　　ong　en　　　⑫ yun　weng　　weng　yun

★ 《練習 2 liànxí'èr》 前鼻音（-n）と 後鼻音（-ng）を聞き分けて、発音された方の□にチェックしなさい。

🔊 033　A { (-an) +〜 / (-ang) +〜 }　① { bànzi　絆子 □ / bàngzi　棒子 □ }　② { dànzi　担子 □ / dàngzi　档子 □ }　③ { tánzi　坛子 □ / tángzi　堂子 □ }

🔊 034　B { (-en) +〜 / (-eng) +〜 }　① { pénzi　盆子 □ / péngzi　棚子 □ }　② { fènzi　份子 □ / fèngzi　缝子 □ }　③ { ménzi　门子 □ / méngzi　蒙子 □ }

🔊 035　C { (-in) +〜 / (-ing) +〜 }　① { yǐnzi　引子 □ / yǐngzi　影子 □ }　② { xìnzi　信子 □ / xìngzi　杏子 □ }　③ { línzi　林子 □ / língzi　绫子 □ }

🔊 036　D { (-ian) +〜 / (-iang) +〜 }　① { liànzi　链子 □ / liàngzi　亮子 □ }　② { jiānzi　尖子 □ / jiāngzi　浆子 □ }　③ { yànzi　燕子 □ / yàngzi　样子 □ }

＊ 実際に聞いた前鼻音と後鼻音の違いを念頭において、各セットの発音を上下ペアで発音し分けの練習をしてみよう。

## 二、鼻母音と日本語の音読み：

 前鼻音 (-n) と 後鼻音 (-ng) は、日本語の音読みで区別できる。つまり、 前鼻音 (-n) は日本語の撥音に対応するが、 後鼻音 (-ng) はそれに対応しない。例えば：

🔊 037　A $\left\{\begin{array}{l}汉　语\\日本語\end{array}\right.$ $\left\{\begin{array}{l}(-n) + (-n)\\(-ン) + (-ン)\end{array}\right.$ ① $\left\{\begin{array}{l}安全（ān quán）\\安全（アン　ゼン）\end{array}\right.$ ② $\left\{\begin{array}{l}简单（jiǎn dān）\\簡単（カン　タン）\end{array}\right.$

🔊 038　B $\left\{\begin{array}{l}汉　语\\日本語\end{array}\right.$ $\left\{\begin{array}{l}(-ng) + (-n)\\(-イ) + (-ン)\end{array}\right.$ ① $\left\{\begin{array}{l}经验（jīng yàn）\\経験（ケイ　ケン）\end{array}\right.$ ② $\left\{\begin{array}{l}平民（píng mín）\\平民（ヘイ　ミン）\end{array}\right.$

🔊 039　C $\left\{\begin{array}{l}汉　语\\日本語\end{array}\right.$ $\left\{\begin{array}{l}(-n) + (-ng)\\(-ン) + (-イ)\end{array}\right.$ ① $\left\{\begin{array}{l}申请（shēn qǐng）\\申請（シン　セイ）\end{array}\right.$ ② $\left\{\begin{array}{l}新兵（xīn bīng）\\新兵（シン　ペイ）\end{array}\right.$

🔊 040　D $\left\{\begin{array}{l}汉　语\\日本語\end{array}\right.$ $\left\{\begin{array}{l}(-n) + (-ng)\\(-ン) + (-ウ)\end{array}\right.$ ① $\left\{\begin{array}{l}观光（guān guāng）\\観光（カン　コウ）\end{array}\right.$ ② $\left\{\begin{array}{l}银行（yín háng）\\銀行（ギン　コウ）\end{array}\right.$

🔊 041　E $\left\{\begin{array}{l}汉　语\\日本語\end{array}\right.$ $\left\{\begin{array}{l}(-ng) + (-ng)\\(-ウ) + (-ウ)\end{array}\right.$ ① $\left\{\begin{array}{l}行动（xíng dòng）\\行動（コウ　ドウ）\end{array}\right.$ ② $\left\{\begin{array}{l}航空（háng kōng）\\航空（コウ　クウ）\end{array}\right.$

🔊 042　F $\left\{\begin{array}{l}汉　语\\日本語\end{array}\right.$ $\left\{\begin{array}{l}(-ng) + (-ng)\\(-イ) + (-イ)\end{array}\right.$ ① $\left\{\begin{array}{l}平静（píng jìng）\\平静（ヘイ　セイ）\end{array}\right.$ ② $\left\{\begin{array}{l}生命（shēng mìng）\\生命（セイ　メイ）\end{array}\right.$

＊　例外があるかどうか、自分で調べてみよう。

★ 《练习 3 liànxísān》 前鼻音 (-n) と 後鼻音 (-ng) を聞き分けて、発音された方の□にチェックしなさい。

🔊 043

A $\begin{cases} \text{(-n)} + \sim \\ \text{(-ng)} + \sim \end{cases}$ ① $\begin{cases} \text{qiánbì} \quad 钱币 \ \square \\ \text{qiángbì} \quad 墙壁 \ \square \end{cases}$ ② $\begin{cases} \text{chǎndì} \quad 产地 \ \square \\ \text{chǎngdì} \quad 场地 \ \square \end{cases}$ ③ $\begin{cases} \text{xīnshù} \quad 心数 \ \square \\ \text{xīngshù} \quad 星术 \ \square \end{cases}$

🔊 044

B $\begin{cases} \text{(-n)} + \text{(-n)} \\ \text{(-n)} + \text{(-ng)} \end{cases}$ ① $\begin{cases} \text{xīnqín} \quad 辛勤 \ \square \\ \text{xīnqíng} \quad 心情 \ \square \end{cases}$ ② $\begin{cases} \text{xīnnián} \quad 新年 \ \square \\ \text{xīnniáng} \quad 新娘 \ \square \end{cases}$ ③ $\begin{cases} \text{jīnlín} \quad 金鳞 \ \square \\ \text{Jīnlíng} \quad 金陵 \ \square \end{cases}$

🔊 045

C $\begin{cases} \text{(-n)} + \text{(-n)} \\ \text{(-ng)} + \text{(-ng)} \end{cases}$ ① $\begin{cases} \text{jǐnlín} \quad 紧邻 \ \square \\ \text{jǐnglíng} \quad 警铃 \ \square \end{cases}$ ② $\begin{cases} \text{qīnmín} \quad 亲民 \ \square \\ \text{qīngmíng} \quad 清明 \ \square \end{cases}$ ③ $\begin{cases} \text{mínxīn} \quad 民心 \ \square \\ \text{míngxīng} \quad 明星 \ \square \end{cases}$

＊ 実際に聞いた 前鼻音 (-n) と 後鼻音 (-ng) の違いを念頭において、各セットの発音を上下ペアで発音し分けの練習をしてみよう。

### 三、声調記号をつける位置：

| | | | | | | | |
|---|---|---|---|---|---|---|---|
| ① a があれば、必ずその真上に、 | → | jiā | lái | hǎo | huā | kuài | biāo |
| ② a がなければ、e 或いは o を探し、 | → | bēi | jié | xuě | yòu | kǒu | duō |
| ③ iu 或いは ui の場合、後ろにつけて、 | → | xiū | liú | jiǔ | duì | shuǐ | chuī |
| ④ 母音1つの場合、迷わずにその上に、 | → | mā | bó | lǐ | kè | lǜ | zhú |
| ⑤ i につける場合、その上の点を省略、 | → | bī | jí | zuǐ | cì | zhī | shuí |

★ 《会话 huìhuà》 （初対面のあいさつ） 🔊 046

B：您 叫 什么 名字? （お名前は？）
　　Nín jiào shénme míngzi?

A：我 姓 大西, 叫 大西 茉莉。 （大西です。大西茉莉と申します。）
　　Wǒ xìng Dàxī, jiào Dàxī-mòlì.

# 発音 - 4

**一、軽声：** 軽く短く発音される付属的な声調

🔊 047

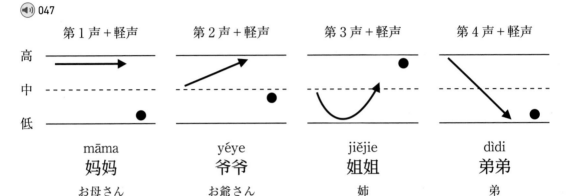

| 第1声＋軽声 | 第2声＋軽声 | 第3声＋軽声 | 第4声＋軽声 |
|---|---|---|---|
| māma | yéye | jiějie | dìdi |
| 妈妈 | 爷爷 | 姐姐 | 弟弟 |
| お母さん | お爺さん | 姉 | 弟 |

注1：軽声の高さはその直前の音節末尾の音の高さによって異なる。

注2：声調符号をつけないことによって、その音節が軽声であることを示す。

★ 《 练习 1 liànxíyī 》 軽声かどうかを聞き分けて、発音された方の□にチェックしなさい。

🔊 048

A ⎰ 第1声＋軽声   ① ⎰ qīzi　妻子 □   ② ⎰ sūnzi　孙子 □   ③ ⎰ dōngxi　东西 □
　 ⎱ 第1声＋〜　　　 ⎱ qīzǐ　妻子 □　　 ⎱ Sūnzǐ　孙子 □　　 ⎱ dōngxì　东西 □

🔊 049

B ⎰ 第2声＋軽声   ① ⎰ hézi　盒子 □   ② ⎰ tóuzi　头子 □   ③ ⎰ shétou　舌头 □
　 ⎱ 第2声＋〜　　　 ⎱ hézī　合资 □　　 ⎱ tóuzī　投资 □　　 ⎱ shétóu　蛇头 □

🔊 050

C ⎰ 第3声＋軽声   ① ⎰ lǎozi　老子 □   ② ⎰ jiǎnzi　剪子 □   ③ ⎰ yǎnjing　眼睛 □
　 ⎱ 第3声＋〜　　　 ⎱ Lǎozǐ　老子 □　　 ⎱ jiǎnzì　剪字 □　　 ⎱ yǎnjìng　眼镜 □

🔊 051

D ⎰ 第4声＋軽声   ① ⎰ zhùzi　柱子 □   ② ⎰ yìqi　义气 □   ③ ⎰ liànzi　链子 □
　 ⎱ 第4声＋〜　　　 ⎱ zhùzì　铸字 □　　 ⎱ yìqí　义旗 □　　 ⎱ liànzì　练字 □

★ 《練習2 liànxí'èr》 軽声を正しく発音できるように練習しなさい。

🔊 052　第1声＋軽声
① māma 妈妈　② gēge 哥哥　③ shūshu 叔叔　④ gūgu 姑姑

🔊 053　第2声＋軽声
⑤ yéye 爷爷　⑥ wáwa 娃娃　⑦ bóbo 伯伯　⑧ pópo 婆婆

🔊 054　第3声＋軽声
⑨ jiějie 姐姐　⑩ lǎolao 姥姥　⑪ nǎinai 奶奶　⑫ bǎobao 宝宝

🔊 055　第4声＋軽声
⑬ bàba 爸爸　⑭ dìdi 弟弟　⑮ mèimei 妹妹　⑯ jiùjiu 舅舅

## 二、第3声の変調：

第3声の音節が連続するとき最初の第3声は第2声に変化する。

🔊 056

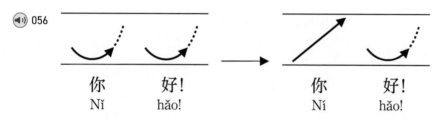

你　好!　　→　　你　好!
Nǐ　hǎo!　　　　Ní　hǎo!

注：前の nǐ を ní のように発音するが、きまりとして声調符号の表記はもとのまま nǐ にしておく。

★ 《練習3 liànxísān》 第3声＋第3声の発音を練習しなさい。

🔊 057　　　　　　　　　　「テキスト表記」　　　「実際の発音」

① 你早（おはよう）　　　Nǐzǎo　⟶　Nízǎo
② 理解（理解する）　　　lǐjiě　⟶　líjiě
③ 母语（母国語）　　　　mǔyǔ　⟶　múyǔ
④ 雨伞（傘）　　　　　　yǔsǎn　⟶　yúsǎn
⑤ 老虎（虎）　　　　　　lǎohǔ　⟶　láohǔ
⑥ 小米（粟）　　　　　　xiǎomǐ　⟶　xiáomǐ
⑦ 马奶（馬乳）　　　　　mǎnǎi　⟶　mánǎi
⑧ 法语（フランス語）　　Fǎyǔ　⟶　Fáyǔ

## 三、中国語の音節構造：

音節はまず大きく「声母」と「韻母」に分かれる。「声母」とは音節の頭につく「子音」のこと、「韻母」とは残りの「母音」を含む部分である。

韻母は「介音」「主母音」「尾音」の三つに分けられる。それに全体に声調がかぶさっているわけである。

右の【音節構造の分解図】ではniǎo（鸟）とすべての要素が揃っている。

そして、音節構造は下の図のように５つのタイプに分けられる。1は主母音のみ、2は声母と韻母のみ、3はそれに介音がつく。4は介音がなく尾音が加わる。5はすべての要素が揃う。しかし、いずれの場合も主母音は欠かせない。

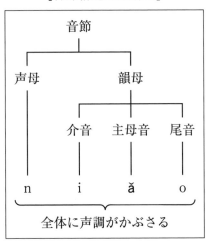

【音節構造の分解図】

## 【音節構造の５つのタイプ】

| | 声 母<br>（頭子音） | 韻 母 | | | 声 調 | 音 節 | 意 味 |
|---|---|---|---|---|---|---|---|
| | | 介 音 | 主母音 | 尾 音 | | | |
| 1 | | | e | | ↘ | è（饿） | 空腹だ |
| 2 | n | | a | | ↗ | ná（拿） | 持つ |
| 3 | n | i | e | | → | niē（捏） | つまむ |
| 4 | n | | a | o | ⌣↗ | nǎo（脑） | 脳 |
| 5 | n | i | a | o | ⌣↗ | niǎo（鸟） | 鳥 |

🔊 058
① **lālā** chěchě
拉拉扯扯

② **lǎolǎo** shàoshào
老老少少

③ **liáoliáo** wújǐ
寥寥无几

④ **pīpī pāpā**
噼噼啪啪

⑤ **pǎopǎo** nàonào
跑跑闹闹

⑥ hóngqí **piāopiāo**
红旗飘飘

⑦ **pópó māmā**
婆婆妈妈

⑧ **máomáo** cǎocǎo
毛毛草草

⑨ fēnfēn **miǎomiǎo**
分分秒秒

⑩ **pípí tātā**
疲疲塌塌

⑪ dàlàng **tāotāo**
大浪滔滔

⑫ qiānlǐ **tiáotiáo**
千里迢迢

⑬ **dīdi gūgū**
嘀嘀咕咕

⑭ **jīji guāguā**
唧唧呱呱

⑮ **qíqí guàiguài**
奇奇怪怪

⑯ **títí kūkū**
啼啼哭哭

⑰ **kuākuā** qítán
夸夸其谈

⑱ **tòngtòng kuàikuài**
痛痛快快

★ 《练习5 liànxíwǔ》 単語の発音を聞いて、（　　）に韻母と声調記号を正しく書き取りなさい。

🔊 059 A { i・ia・iao を 選択しなさい。 }

① { 机器 j(　　)qì
假期 j(　　)qī }

② { 佳期 j(　　)qī
娇妻 j(　　)qī }

③ { 骄气 j(　　)qì
家具 j(　　)jù }

🔊 060 B { a・ao・iao を 選択しなさい。 }

① { 拉力 l(　　)lì
劳力 l(　　)lì }

② { 劳动 l(　　)dòng
辽东 L(　　)dōng }

③ { 聊天 l(　　)tiān
老天 l(　　)tiān }

★ 《会话 huìhuà》 （初対面のあいさつ） 🔊 061

B：认识 您，很 高兴!　　　（お会いできて嬉しいです。）
　　Rènshi nín, hěn gāoxìng!

A：认识 您，我 也 很 高兴!　（お会いできて私も嬉しいです。）
　　Rènshi nín, wǒ yě hěn gāoxìng!

## 一、母音 e の変化：

e は前後の音に影響されて実際の発音は次のように変化する。

🔊 062

| | | | | | | |
|---|---|---|---|---|---|---|
| 1) | e | ：车 chē | 德 dé | 渴 kě | 饿 è | |
| 2) | eng | ：风 fēng | 盟 méng | 等 děng | 更 gèng | |
| 3) | er | ：…… | 儿 ér | 耳 ěr | 二 èr | |
| 4) | 軽声 | ：了 le | 的 de | 呢 ne | 么 me | |
| 5) | en | ：恩 ēn | 门 mén | 忍 rěn | 问 wèn | |
| 6) | ie | ：椰 yē | 别 bié | 解 jiě | 谢 xiè | |
| 7) | ue | ：约 yuē | 决 jué | 雪 xuě | 雀 què | |
| 8) | ei | ：黑 hēi | 围 wéi | 给 gěi | 背 bèi | |

後寄り ↑ 前寄り
ここから下は「エ」に近く
ぼんやり ↑↓ ハッキリ

★ 《练习 1 liànxíyi》 e のさまざまな発音を練習しなさい。

🔊 063 1) e ：
① gēge 哥哥
② kělè 可乐
③ pǐndé 品德
④ kèchē 客车

🔊 064 2) eng ：
① fēngzheng 风筝
② gēngzhèng 更正
③ zhēngténg 蒸腾
④ fèngchéng 奉承

🔊 065 3) er ：
① érzi 儿子
② érqiě 而且
③ Ěrhǎi 洱海
④ èrshí 二十

🔊 066 4) 軽声 ：
① hēle 喝了
② chīde 吃的
③ nǐne 你呢
④ zhànzhe 站着

🔊 067 5) en ：
① ēndé 恩德
② rénwén 人文
③ gēnběn 根本
④ běnrén 本人

🔊 068 6) ie ：
① diēdie 爹爹
② yéye 爷爷
③ jiějie 姐姐
④ xièxie 谢谢

🔊 069 7) ue ：
① quèyuè 雀跃
② shěnglüè 省略
③ juécè 决策
④ xuèyè 血液

🔊 070 8) ei ：
① mèimei 妹妹
② lěilěi 累累
③ hēihēi 嘿嘿
④ wēiwēi 微微

## 二、数詞 "一" と否定詞 "不" の変調：

### 1) 数詞 "一" の変調

#### 1-1) "一" は本来第1声であるが、第1、第2、第3声の直前の "一" は第4声に変わる。

🔊 071

$$
一（yì）+
\begin{cases}
第1声：① 一只猫 \ yì zhī māo & ② 一张地图 \ yì zhāng dìtú \\
第2声：① 一头牛 \ yì tóu niú & ② 一台电视 \ yì tái diànshì \\
第3声：① 一口猪 \ yì kǒu zhū & ② 一本辞典 \ yì běn cídiǎn
\end{cases}
$$
（第4声）

#### 1-2) 第4声の直前の "一" は第2声に変わる。

🔊 072

$$
一（yí）+
\begin{cases}
第4声：一件毛衣 \ yí jiàn máoyī \\
\\
軽　声：一个学生 \ yí ge xuéshēng
\end{cases}
$$
（第2声）

注："个" は本来第4声であるが、量詞として用いられるとほぼ軽声となる。

#### 1-3) 順序を表す数詞 "一" は第1声のままで変調しない。

🔊 073

① 第一天 dìyītiān　② 第一年 dìyīnián　③ 第一组 dìyīzǔ　④ 第一课 dìyīkè

① 一班 yī bān　② 一楼 yī lóu　③ 一旅 yīlǚ　④ 一月 yī yuè

★ 《练习2 liànxí'èr》 "一" の変調を練習しなさい。

🔊 074

| | | | |
|---|---|---|---|
| ① yìzhāoyìxī<br>一朝一夕 | ② yìxīnyìdé<br>一心一德 | ③ yìsīyìháo<br>一丝一毫 | ④ yìxīnyíyì<br>一心一意 |
| ⑤ yìzhēnyíxiàn<br>一针一线 | ⑥ yìmúyíyàng<br>一模一样 | ⑦ yìshíyíkè<br>一时一刻 | ⑧ yìbǎnyìyǎn<br>一板一眼 |
| ⑨ yìdiǎnyìdī<br>一点一滴 | ⑩ yìshǒuyìzú<br>一手一足 | ⑪ yìcǎoyímù<br>一草一木 | ⑫ yìjǔyídòng<br>一举一动 |
| ⑬ yìzhībànjiě<br>一知半解 | ⑭ yìguóliǎngzhì<br>一国两制 | ⑮ yírìsānqiū<br>一日三秋 | ⑯ yìniánsìjì<br>一年四季 |
| ⑰ yìyánjiǔdǐng<br>一言九鼎 | ⑱ yímùshíháng<br>一目十行 | ⑲ yìtōngbǎitōng<br>一通百通 | ⑳ yírìqiānlǐ<br>一日千里 |

注：辞書では "一" の声調が第1声で表記されるが、実際には上記のように変調する。

## 2) 否定詞 "不" の変調

### 2-1) "不" は本来第4声であるが、第1、2、3声の直前の "不" は変調しない。

🔊 075

不（bù）＋
(第4声)

第1声：① 不酸 bù suān　　② 不说 bù shuō
第2声：① 不甜 bù tián　　② 不来 bù lái
第3声：① 不苦 bù kǔ　　　② 不买 bù mǎi

### 2-2) 第4声の前の "不" は第2声に変わる。

🔊 076

不（bú）＋第4声：① 不辣 bú là　　② 不去 bú qù
(第2声)　　　　 ③ 不大 bú dà　　④ 不看 bú kàn

★ 《練習3 liànxísān》 "不" の変調を練習しなさい。

### 【不＋形容詞】

🔊 077　第4声＋第1声：

| ① 不高 | ② 不新 | ③ 不黑 | ④ 不深 | ⑤ 不轻 | ⑥ 不多 |
|---|---|---|---|---|---|
| bùgāo | bùxīn | bùhēi | bùshēn | bùqīng | bùduō |

🔊 078　第4声＋第2声：

| ① 不忙 | ② 不长 | ③ 不白 | ④ 不难 | ⑤ 不咸 | ⑥ 不滑 |
|---|---|---|---|---|---|
| bùmáng | bùcháng | bùbái | bùnán | bùxián | bùhuá |

🔊 079　第4声＋第3声：

| ① 不好 | ② 不小 | ③ 不少 | ④ 不远 | ⑤ 不冷 | ⑥ 不软 |
|---|---|---|---|---|---|
| bùhǎo | bùxiǎo | bùshǎo | bùyuǎn | bùlěng | bùruǎn |

🔊 080　第2声＋第4声：

| ① 不重 | ② 不热 | ③ 不胖 | ④ 不瘦 | ⑤ 不快 | ⑥ 不慢 |
|---|---|---|---|---|---|
| búzhòng | búrè | búpàng | búshòu | búkuài | búmàn |

### 【不＋動詞】

🔊 081　第4声＋第1声：

| ① 不吃 | ② 不喝 | ③ 不安 | ④ 不开 | ⑤ 不关 | ⑥ 不发 |
|---|---|---|---|---|---|
| bùchī | bùhē | bù'ān | bùkāi | bùguān | bùfā |

🔊 082　第4声＋第2声：

| ① 不来 | ② 不学 | ③ 不留 | ④ 不读 | ⑤ 不回 | ⑥ 不骑 |
|---|---|---|---|---|---|
| bùlái | bùxué | bùliú | bùdú | bùhuí | bùqí |

🔊 083　第4声＋第3声：

| ① 不打 | ② 不买 | ③ 不走 | ④ 不跑 | ⑤ 不等 | ⑥ 不数 |
|---|---|---|---|---|---|
| bùdǎ | bùmǎi | bùzǒu | bùpǎo | bùděng | bùshǔ |

🔊 084　第2声＋第4声：

| ① 不在 | ② 不见 | ③ 不借 | ④ 不谢 | ⑤ 不问 | ⑥ 不卖 |
|---|---|---|---|---|---|
| búzài | bújiàn | bújiè | búxiè | búwèn | búmài |

注：辞書では "不" の声調が第4声で表記されるが、実際には上記のように変調する。

**■ 三、"儿化":** 語幹に接尾辞 "儿" が加わることを "儿化 érhuà" という。音節の末尾で舌をそり上げる。

◀)) 085 〈発音のポイント〉

1) 画画儿 huà huàr 　音節末の r はそり上げた舌先を口蓋に触れないで。
2) 春卷儿 chūnjuǎnr 　r の直前の n は脱落する。
3) 花瓶儿 huāpíngr 　r の直前の ng を読まないで主母音を鼻音化させる。
4) 小孩儿 xiǎoháir 　r の直前の i は脱落する。

注：北京の人は好んで単語を "儿化" させる傾向があるが、普通話としては必ずしも "儿化" させる必要はない。例えば、"开门儿 (kāiménr)" "电影儿 (diànyǐngr)" などは、普通話としては "开门 (kāimén)" "电影 (diànyǐng)" と言うほうが多い。

**★ 《练习 4 liànxísì》** 先生或いは音声の後について次の語句の発音を練習しなさい。

◀)) 086　1)（変化なし）

　① 画画儿 huàhuàr　　② 数数儿 shǔshùr　　③ 小鱼儿 xiǎoyúr
　④ 唱歌儿 chànggēr　　⑤ 种花儿 zhònghuār　⑥ 水饺儿 shuǐjiǎor

◀)) 087　2)（-n 脱落）

　① 贪玩儿 tānwánr　　② 春卷儿 chūnjuǎnr　　③ 拐弯儿 guǎiwānr
　④ 摆摊儿 bǎitānr　　⑤ 冒烟儿 màoyānr　　⑥ 上班儿 shàngbānr

◀)) 088　3)（鼻音化）

　① 有空儿 yǒukòngr　　② 信封儿 xìnfēngr　　③ 电影儿 diànyǐngr
　④ 花瓶儿 huāpíngr　　⑤ 老总儿 lǎozǒngr　　⑥ 提成儿 tíchéngr

◀)) 089　4)（複母音の -i 脱落）

　① 盖盖儿 gàigàir　　② 调味儿 tiáowèir　　③ 小孩儿 xiǎoháir
　④ 手背儿 shǒubèir　　⑤ 壶嘴儿 húzuǐr　　⑥ 锅盖儿 guōgàir

**★ 《会话 huìhuà》** ◀)) 090

B：您 是 留学生 吧?　　　　（あなたは留学生でしょう？）
　 Nín shì liúxuéshēng ba?

A：对, 我 是 中国 留学生。　（はい。私は中国人留学生です。）
　 Duì, wǒ shì Zhōngguó liúxuéshēng.

# 発音 - 6

## 一、消える（e）と（o）：

uei、uen、iou が声母と結合して音節をなす場合、u(e)n、u(e)i、i(o)u のように、間の母音が弱くなる。このためピンイン綴りでは次のように（e）と（o）が消える。

### 1) uei → ui

🔊 091

| | | | |
|---|---|---|---|
| ① d + uei → dui | ② t + uei → tui | | |
| ③ g + uei → gui | ④ k + uei → kui | ⑤ h + uei → hui | |
| ⑥ zh + uei → zhui | ⑦ ch + uei → chui | ⑧ sh + uei → shui | ⑨ r + uei → rui |
| ⑩ z + uei → zui | ⑪ c + uei → cui | ⑫ s + uei → sui | |

### 2) uen → un

🔊 092

| | | | |
|---|---|---|---|
| ① d + uen → dun | ② t + uen → tun | ③ l + uen → lun | |
| ④ g + uen → gun | ⑤ k + uen → kun | ⑥ h + uen → hun | |
| ⑦ zh + uen → zhun | ⑧ ch + uen → chun | ⑨ sh + uen → shun | ⑩ r + uen → run |
| ⑪ z + uen → zui | ⑫ c + uen → cun | ⑬ s + uen → sun | |

### 3) iou → iu

🔊 093

| | | | |
|---|---|---|---|
| ① m + iou → miu | ② d + iou → diu | ③ n + iou → niu | ④ l + iou → liu |
| ⑤ j + iou → jiu | ⑥ q + iou → qiu | ⑦ x + iou → xiu | |

★《练习 1 liànxíyi》下記の単語のピンインと声調記号を正しく（　　）に書き取りなさい。

🔊 094

A {  uei → ui / （e）が消える。 }

① { 对敌（＿＿＿）dí / 退敌（＿＿＿）dí }
② { 贵客（＿＿＿）kè / 会客（＿＿＿）kè }
③ { 追牛（＿＿＿）niú / 吹牛（＿＿＿）niú }

🔊 095

B {  uen → un / （e）が消える。 }

① { 滚柱（＿＿＿）zhù / 捆住（＿＿＿）zhù }
② { 尊长（＿＿＿）zhǎng / 村长（＿＿＿）zhǎng }
③ { 准话（＿＿＿）huà / 蠢话（＿＿＿）huà }

🔊 096

C {  iou → iu / （o）が消える。 }

① { 硫磺（＿＿＿）huáng / 牛黄（＿＿＿）huáng }
② { 羞涩（＿＿＿）sè / 秋色（＿＿＿）sè }
③ { 揪住（＿＿＿）zhù / 修筑（＿＿＿）zhù }

| **nü** **lü** | **ju** **qu** **xu** **yu** |
|---|---|

**1) n、l のあとの ü にはウムラウトの点々を省略しない。**

**nü**：① 女儿 nǚ'ér　② 女婿 nǚxù　③ 侠女 xiánǚ　④ 美女 měinǚ

**lü**：① 法律 fǎlǜ　② 旅行 lǚxíng　③ 侠侣 xiálǚ　④ 镁铝 měilǚ

**2) j、q、x、y のあとの ü にはウムラウトの点々をつけない。**

**ju**：① 居民 jūmín　② 菊花 júhuā　③ 举手 jǔshǒu　④ 距离 jùlí

**qu**：① 趋势 qūshì　② 渠道 qúdào　③ 曲子 qǔzi　④ 趣味 qùwèi

**xu**：① 需要 xūyào　② 徐徐 xúxú　③ 许可 xǔkě　④ 序幕 xùmù

**yu**：① 迂回 yūhuí　② 渔民 yúmín　③ 语言 yǔyán　④ 预备 yùbèi

★ 〈練習 2 liànxí'èr〉

　　1) -ü と -u、-iu、-ou を聞き分けて、発音された方の□にチェックしなさい。

🔊 098

A { -ü と -u を聴き分けなさい。 }　① { 弓弩 gōngnǔ □ / 宫女 gōngnǚ □ }　② { 过路 guòlù □ / 过滤 guòlǜ □ }　③ { 陆地 lùdì □ / 绿地 lǜdì □ }

🔊 099

B { -ü と -iu を聴き分けなさい。 }　① { 酒杯 jiǔbēi □ / 举杯 jǔbēi □ }　② { 秋分 qiūfēn □ / 区分 qūfēn □ }　③ { 修理 xiūlǐ □ / 虚礼 xūlǐ □ }

🔊 100

C { -ü と -ou を聴き分けなさい。 }　① { 友谊 yǒuyì □ / 羽翼 yǔyì □ }　② { 油轮 yóulún □ / 渔轮 yúlún □ }　③ { 利诱 lìyòu □ / 利欲 lìyù □ }

　　2) nü と lü を聞き分けて、発音された方の□にチェックしなさい。

🔊 101

D { nü と lü を聴き分けなさい。 }　① { 女客 nǚkè □ / 旅客 lǚkè □ }　② { 女人 nǚrén □ / 旅人 lǚrén □ }　③ { 女伴 nǚbàn □ / 旅伴 lǚbàn □ }

## 三、発音しにくい複母音：

1) -iu = you

2) -ui = wei

3) -un = wen

4) -ong = weng

5) -iong = yong

注1：声母の有無によって主母音を綴る場合と綴らない場合がある。

注2：主母音の実際の音の大きさは声調の違いによって異なる。第3声の場合、最も大きくなる傾向がある。

注3：主母音を綴らない場合の声調符号の位置は原則からはずれる。［練習3の綴り参照］

★ 《练习3 liànxísān》 発音練習しなさい。

102  1) a. 优 yōu　　油 yóu　　　　　友 yǒu　　　　　右 yòu
　　　　b. 溜 liū　　留 liú　　　　　柳 liǔ　　　　　六 liù
　　　　c. 究 jiū　　……　　　　　酒 jiǔ　　　　　旧 jiù
　　　　d. 修 xiū　　……　　　　　朽 xiǔ　　　　　秀 xiù

103  2) a. 危 wēi　　维 wéi　　　　　尾 wěi　　　　　胃 wèi
　　　　b. 龟 guī　　……　　　　　鬼 guǐ　　　　　贵 guì
　　　　c. 堆 duī　　……　　　　　……　　　　　对 duì
　　　　d. 推 tuī　　颓 tuí　　　　　腿 tuǐ　　　　　退 tuì

104  3) a. 温 wēn　　文 wén　　　　　稳 wěn　　　　　问 wèn
　　　　b. 村 cūn　　存 cún　　　　　忖 cǔn　　　　　寸 cùn
　　　　c. 昆 kūn　　……　　　　　捆 kǔn　　　　　困 kùn

105  4) a. 翁 wēng　……　　　　　蓊 wěng　　　　　瓮 wèng
　　　　b. 通 tōng　　铜 tóng　　　　筒 tǒng　　　　　痛 tòng
　　　　c. 冬 dōng　　……　　　　　董 dǒng　　　　　动 dòng
　　　　d. 公 gōng　　……　　　　　汞 gǒng　　　　　共 gòng
　　　　e. 烘 hōng　　红 hóng　　　　哄 hǒng　　　　　讧 hòng

106  5) a. 佣 yōng　　喁 yóng　　　　勇 yǒng　　　　　用 yòng
　　　　b. 兄 xiōng　熊 xióng　　　　……　　　　　……
　　　　c. ……　　　穷 qióng　　　　……　　　　　……

🔊 107

A { -iu と you を
書き分けなさい。

① { 优惠 （＿＿＿）huì
酒会 （＿＿＿）huì

② { 游学 （＿＿＿）xué
留学 （＿＿＿）xué

③ { 友好 （＿＿＿）hǎo
修好 （＿＿＿）hǎo

🔊 108

B { -ui と wei を
書き分けなさい。

① { 胃口 （＿＿＿）kǒu
对口 （＿＿＿）kǒu

② { 威信 （＿＿＿）xìn
归心 （＿＿＿）xīn

③ { 卫兵 （＿＿＿）bīng
退兵 （＿＿＿）bīng

🔊 109

C { -un と wen を
書き分けなさい。

① { 温水 （＿＿＿）shuǐ
浑水 （＿＿＿）shuǐ

② { 文章 （＿＿＿）zhāng
村长 （＿＿＿）zhǎng

③ { 问题 （＿＿＿）tí
滚梯 （＿＿＿）tī

🔊 110

D { -ong と weng を
書き分けなさい。

① { 翁姑 （＿＿＿）gū
冬菇 （＿＿＿）gū

② { 蓊蔚 （＿＿＿）wèi
同位 （＿＿＿）wèi

③ { 蕹菜 （＿＿＿）cài
冬菜 （＿＿＿）cài

🔊 111

E { -iong と yong を
書き分けなさい。

① { 佣人 （＿＿＿）rén
穷人 （＿＿＿）rén

② { 勇气 （＿＿＿）qì
凶器 （＿＿＿）qì

③ { 用兵 （＿＿＿）bīng
雄兵 （＿＿＿）bīng

★ 《会话 huìhuà》 🔊 112

A：您 是 哪个 学部 的?　　　　　　（どの学部の学生ですか。）
　　Nín shì nǎge xuébù de?

B：我 是 人文学部 的。您 呢?　　（私は人文学部です。あなたは？）
　　Wǒ shì rénwénxuébù de. Nín ne?

A：我 是 经济学部 的。　　　　　　（私は経済学部です。）
　　Wǒ shì jīngjìxuébù de.

　　我的 专业 是 中国 经济。　　　（私の専攻は中国経済です。）
　　Wǒde zhuānyè shì Zhōngguó jīngjì.

# 発音 - 7

## 一、隔音符号：

a・o・e で始まる音節がほかの音節とつながって、両者の区別がつけにくい場合は、その中間に隔音符号（'）をつける。例えば、piāo（漂）と pí'ǎo（皮袄）、fǎngǎn（反感）と fāng'àn（方案）など。

**★ 《练习 1 liànxíyī》** 各セットの発音をペアで練習しなさい。

🔊 113

① xiān  Xī'ān ② liàn  lì'àn ③ diàn  dī'àn ④ jiāng  jī'áng
　 先　　西安 　　 练　　立案 　　 电　　堤岸 　　 将　　激昂

⑤ tuán  tú'àn ⑥ tiān  tí'àn ⑦ qiē  qǐ'é ⑧ jiē  jī'è
　 团　　图案 　　 天　　提案 　　 切　 企鹅 　 接　 饥饿

⑨ fānàn  fān'àn ⑩ míngē  míng'é ⑪ yínán  yīn'àn ⑫ fāngài  fáng'ài
　 发难　 翻案 　　 民歌　 名额 　　 疑难　 阴暗 　　 翻盖　 妨碍

**★ 《练习 2 liànxí'èr》** 下記の発音を聞き分けて、□に発音された順に 1、2 を書き入れなさい。

🔊 114

A { -ian と -i'an を 聴き分けなさい。 ① { 年 nián □ ② { 扁 biǎn □ ③ { 前 qián □
　　　　　　　　　　　　　　　 { 尼庵 ní'ān □ 　 { 彼岸 bǐ'àn □ 　 { 奇案 qí'àn □

🔊 115

B { -iu と -i'ou を 聴き分けなさい。 ① { 修 xiū □ ② { 酒 jiǔ □ ③ { 牛 niú □
　　　　　　　　　　　　　　　 { 西欧 Xī'ōu □ 　 { 奇偶 jī'ǒu □ 　 { 泥偶 ní'ǒu □

🔊 116

C { -üe と -ü'e を 聴き分けなさい。 ① { 掠 lüè □ ② { 绝 jué □ ③ { 约 yuē □
　　　　　　　　　　　　　　　 { 旅俄 lǚ'É □ 　 { 巨额 jù'é □ 　 { 余额 yǘ'é □

＊ 耳でチェックした後、各セットの発音を上下ペアで練習してみよう。

## 三、3つの i：同じ表記の i でも音色が異なる。

> 🔊 117　① ji̱　qi̱　xi̱
> 　　　　bi̱　pi̱　mi̱　　　di̱　ti̱　ni̱　li̱ ──── するどい i
>
> 🔊 118　② zi̱　ci̱　si̱　　　　　　　 ──── 平口の i
>
> 🔊 119　③ zhi̱　chi̱　shi̱　ri̱　　　 ──── 捲舌の i

★ 《练习 3 liànxísān》 3つの i の総合練習：ピンインと声調記号を（　　）に書き取りなさい。

### 1）するどい i：舌面音（j・q・x）、唇音（b・p・m）、舌尖音（d・t・n・l）と i

🔊 120

| ① (＿＿＿＿)zhāzhā | ② (＿＿＿＿)qièqiè | ③ (＿＿＿＿)hāhā |
|---|---|---|
| 叽叽喳喳 | 凄凄切切 | 嘻嘻哈哈 |
| ④ (＿＿＿＿)jiēshì | ⑤ (＿＿＿＿)tātā | ⑥ (＿＿＿＿)mámá |
| 比比皆是 | 疲疲塌塌 | 密密麻麻 |
| ⑦ (＿＿＿＿)dādā | ⑧ (＿＿＿＿)tātā | ⑨ (＿＿＿＿)wàiwài |
| 滴滴答答 | 踢踢踏踏 | 里里外外 |

### 2）平口の i：舌歯音（z・c・s）と i

🔊 121

| ① (＿＿＿＿)bújuàn | ② (＿＿＿＿)shíshí | ③ (＿＿＿＿)miánmián |
|---|---|---|
| 孜孜不倦 | 磁磁实实 | 丝丝绵绵 |
| ④ (＿＿＿＿)jùjù | ⑤ (＿＿＿＿)yǔyǔ | ⑥ (＿＿＿＿)fāngfāng |
| 字字句句 | 词词语语 | 四四方方 |

### 3）捲舌の i：捲舌音（zh・ch・sh・r）と i

🔊 122

| ① (＿＿＿＿)wūwū | ② (＿＿＿＿)hēhē | ③ (＿＿＿＿)zàizài |
|---|---|---|
| 支支吾吾 | 吃吃喝喝 | 实实在在 |
| ④ (＿＿＿＿)yèyè | ⑤ (＿＿＿＿)kèkè | ⑥ (＿＿＿＿)huàhuà |
| 日日夜夜 | 时时刻刻 | 指指画画 |

## 三、舌面音、舌歯音と捲舌音：

**★《練習 4 liànxísì》** 舌面音（j・q・x）、舌歯音（z・c・s）、捲舌音（zh・ch・sh）を聞き分けて、発音された方の□にチェックしなさい。

🔊 123

A { ji・qi・xi を聞き分けなさい。

① { 机器 jīqì □ ② { 奇迹 qíjì □ ③ { 稀奇 xīqí □
{ 漆器 qīqì □ { 习气 xíqì □ { 积极 jījí □

🔊 124

B { zi・ci・si を聞き分けなさい。

① { 自私 zìsī □ ② { 次子 cìzǐ □ ③ { 四字 sìzì □
{ 刺丝 cìsī □ { 自此 zìcǐ □ { 刺字 cìzì □

🔊 125

C { zhi・chi・shi を聞き分けなさい。

① { 直视 zhíshì □ ② { 迟滞 chízhì □ ③ { 时事 shíshì □
{ 实质 shízhì □ { 直斥 zhíchì □ { 直至 zhízhì □

**★《練習 5 liànxíwǔ》** 捲舌音（zhi・chi・shi）と 舌面音（ji・qi・xi）を聞き分けて、発音された方の□にチェックしなさい。

🔊 126

A { zhi / ji

① { zhílì 直立 □ ② { zhíxíng 执行 □ ③ { zhìyì 致意 □
{ jílì 极力 □ { jíxíng 极刑 □ { jìyì 记忆 □

🔊 127

B { chi / qi

① { chíyú 池鱼 □ ② { chìlì 斥力 □ ③ { chìdào 赤道 □
{ qíyú 其余 □ { qìlì 气力 □ { qìdào 气道 □

🔊 128

C { shi / xi

① { shīwàng 失望 □ ② { shízì 识字 □ ③ { shìjié 事节 □
{ xīwàng 希望 □ { xízì 习字 □ { xìjié 细节 □

＊ 捲舌音と舌面音の違いを念頭において、各セットの単語の発音を練習してみよう。

★ 《練習6 liànxíliù》 捲舌音（zhi・chi・shi・ri）を聞き分けて、発音された方の□にチェックしなさい。

◀) 129

A { zhi / chi }　① { zhīxīn　知心 □ / chīxīn　吃心 □ }　② { zhízi　侄子 □ / chízi　池子 □ }　③ { zhìjīn　至今 □ / chìjīn　赤金 □ }

◀) 130

B { chi / shi }　① { chīfàn　吃饭 □ / shīfàn　师范 □ }　② { chíjiǔ　持久 □ / shíjiǔ　十九 □ }　③ { chídào　迟到 □ / shídào　食道 □ }

◀) 131

C { shi / zhi }　① { shīdào　失盗 □ / zhīdào　知道 □ }　② { shìchǐ　市尺 □ / zhìchǐ　智齿 □ }　③ { shīshì　失势 □ / zhīshì　知事 □ }

◀) 132

D { r と / zhi・chi・shi }　① { rìzhì　日志 □ / zhìzhì　致志 □ }　② { rìlì　日历 □ / chìlì　赤痢 □ }　③ { rìzi　日子 □ / shìzi　柿子 □ }

＊ 捲舌音の違いを念頭において、上下ペアで各セットの単語の発音を練習してみよう。

★ 《会话 huìhuà》 ◀) 133

A：您的　专业　是　什么?
　　Nínde zhuānyè shì shénme?

（あなたの専攻は何ですか。）

B：日本　文学。可是　我的　日语
　　Rìběn wénxué. Kěshì wǒde Rìyǔ

　　不太好。
　　bútàihǎo.

（日本文学です。でも、私の日本語は
あまり上手ではありません。）

A：那，以后　我　教　您　日语，
　　Nà, yǐhòu wǒ jiāo nín Rìyǔ,

　　您　教　我　汉语，怎么样?
　　nín jiāo wǒ Hànyǔ, zěnmeyàng?

（では、これから私があなたに日本語を教えて、
あなたが私に中国語を教えるというのはいかが
ですか？）

B：太好了!　我们　可以　互相　帮助。
　　Tàihǎole! Wǒmen kěyǐ hùxiāng bāngzhù.

（いいですね。お互いに助け合いましょう。）

# 会 話 編

| 日常用语 🔊 134 | rìchángyòngyǔ | 日常用語 |
|---|---|---|
| 1. 你好! | Nǐhǎo! | こんにちは。 |
| 2. 您好! | Nínhǎo! | こんにちは。 |
| 3. 您早! | Nínzǎo! | おはようございます。 |
| 4. 早上好! | Zǎoshang hǎo! | おはようございます。 |
| 5. 晚上好! | Wǎnshang hǎo! | こんばんは。 |
| 6. 晚安! | Wǎn'ān! | おやすみなさい。 |
| 7. 见到您，很高兴! | Jiàndaonín, hěn gāoxìng! | お会いできて、大変嬉しいです。 |
| 8. 请多关照! | Qǐngduō guānzhào! | どうぞよろしく。 |
| 9. 请进! | Qǐngjìn! | どうぞお入りください。 |
| 10. 请坐! | Qǐngzuò! | どうぞお掛けになってください。 |
| 11. 请喝茶! | Qǐng hēchá! | お茶をどうぞ! |
| 12. 请不要客气! | Qǐng búyào kèqi! | どうぞご遠慮せずに。 |
| 13. 对不起! | Duìbuqǐ! | すみません。 |
| 14. 没关系。 | Méiguānxi | どういたしまして。 |
| 15. 谢谢! | Xièxie! | どうもありがとうございます。 |
| 16. 不谢! | Bú xiè! | どういたしまして。 |
| 17. 我饿了。 | Wǒ èle. | お腹が空きました。 |
| 18. 我渴了。 | Wǒ kěle. | 喉が渇きました。 |
| 19. 我有点儿累。 | Wǒ yǒudiǎnr lèi. | ちょっと疲れております。 |
| 20. 我有点儿困。 | Wǒ yǒudiǎnr kùn | ちょっと眠いです。 |
| 21. 请稍等! | Qǐng shāoděng! | 少々お待ちください。 |
| 22. 对不起，我没听懂。 | Duìbuqǐ, wǒméi tīngdǒng. | すみません、聞き取れませんでした。 |
| 23. 请再说一遍! | Qǐng zàishuō yíbiàn! | もう一度話してください。 |
| 24. 请您慢慢说! | Qǐngnín mànmānshuō! | ゆっくり話してください。 |
| 25. 请说得慢一点儿! | Qǐngshuōde mànyìdiǎnr! | もう少しゆっくり話してください。 |
| 26. 再见! | Zàijiàn! | さようなら。 |
| 27. 明天见! | Míngtiānjiàn! | 明日また。 |

# ☆品詞略称表

| 略　称 | 品　詞 | | 例 |
|---|---|---|---|
| ① 名 | 名　词 míngcí | （名詞） | 日本　银行　学校　熊猫　白菜　电脑　智能手机 |
| ② 代 | 代　词 dàicí　　　（代名詞）<br>　1）人称代词　（人称代名詞）<br>　2）指示代词　（指示代名詞）<br>　3）场所代词　（場所代名詞）<br>　4）指示副词　（指示代副詞） | | <br>我　　我们　咱们　你　　你们　他　　他们　她们<br>这个　那个　哪个　这些　那些　哪些<br>这儿　那儿　哪儿　这里　那里　哪里<br>这么　那么　这样　那样　怎么　怎样　怎么样 |
| ③ 数 | 数　词 shùcí | （数詞） | 一　二　三　一百　一千　十万　百万　千万 |
| ④ 量 | 量　词 liàngcí | （助数詞） | 个　本　只　张　台　辆　条　匹 |
| ⑤ 动 | 动　词 dòngcí | （動詞） | 来　去　看　打　吃　学习　旅行　游览 |
| ⑥ 助动 | 助动词 zhùdòngcí | （助動詞） | 想　要　能　会　得　敢　可以　应该 |
| ⑦ 助 | 助　词 zhùcí　　　（助詞）<br>　1）动态助词 动助 （動態助詞）<br>　2）语气助词 语助 （文末助詞）<br>　3）结构助词 结助 （構造助詞） | | <br>了　着　过<br>吗　吧　呢　啊　呀　了　啦<br>的　地　得 |
| ⑧ 副 | 副　词 fùcí | （副詞） | 很　非常　不　也　都　就　才　还 |
| ⑨ 形 | 形容词 xíngróngcí | （形容詞） | 好　大　小　酸　甜　雪白　漂亮　勇敢 |
| ⑩ 介 | 介　词 jiècí | （前置詞） | 在　从　离　跟　给　对　向　把 |
| ⑪ 疑 | 疑问词 yíwèncí | （疑問詞） | 什么　谁　几　多少　哪儿　怎么　为什么 |
| ⑫ 方 | 方位词 fāngwèicí | （方位詞） | 上　下　前　后　左　右　里　外 |
| ⑬ 连 | 连　词 liáncí | （接続詞） | 那　那么　可是　但是　如果　只要　虽然　无论 |
| ⑭ 叹 | 叹　词 tàncí | （感嘆詞） | 噢　啊　唉　诶　嗨 |
| ⑮ 头 | 接头词 jiētóucí | （接頭詞） | 老～　小～ |
| ⑯ 尾 | 接尾词 jiēwěicí | （接尾詞） | ～子　～头　～边　～面 |
| ⑰ 组 | 词　组 cízǔ | （語句） | 日本人　多少钱　什么时候　出租汽车　打工　喝酒<br>做饭 |

# 第 1 课 | 你 叫 什么 名字?

Nǐ jiào shénme míngzi?

大西 : 你好!
Dàxī:　　Nǐhǎo!

于姗 : 你好!
Yúshān:　Nǐhǎo!

大西 : 请问, 你 叫 什么 名字?
Dàxī:　　Qǐngwèn,　nǐ jiào shénme míngzi?

于姗 : 我 姓 于, 叫 于 姗。
Yúshān:　Wǒ xìng Yú,　jiào Yú shān.

　　　　你 也 是 中国人 吗?
　　　　Nǐ yě shì Zhōngguórén ma?

大西 : 不, 我 是 日本人。
Dàxī:　　Bù,　wǒ shì Rìběnrén.

　　　　我 姓 大西, 叫 大西 茉莉。
　　　　Wǒ xìng Dàxī,　jiào Dàxī　mòlì.

于姗 : 认识 你, 很 高兴!
Yúshān: Rènshi nǐ,　hěn gāoxìng!

大西 : 认识 你, 我 也 很 高兴!
Dàxī:　　Rènshi nǐ,　wǒ yě hěn gāoxìng!

① 你好! Nǐhǎo! こんにちは！
② 大西 茉莉 Dàxī mòlì 人名
③ 于 姗 Yú shān 人名
④ 请问 qǐngwèn お伺いします
⑤ 你 nǐ 代 あなた
⑥ 叫 jiào 動 (名前を)～という
⑦ 什么 shénme 疑 何, 何という
⑧ 名字 míngzi 名 名前
⑨ 我 wǒ 代 私
⑩ 姓 xìng 動 名字は～です
⑪ 也 yě 副 も
⑫ 是 shì 動 ～です
⑬ 中国 Zhōngguó 名 中国
⑭ 中国人 Zhōngguórén 名 中国人
⑮ 吗 ma 语助 ～か (疑問を表す語気助詞)
⑯ 不 bù 否定副詞
⑰ 日本 Rìběn 名 日本
⑱ 日本人 Rìběnrén 名 日本人
⑲ 认识 rènshi 動 知り合う
⑳ 很 hěn 副 とても
㉑ 高兴 gāoxìng 形 嬉しい

## 一、人称代名詞：（中国語の人称代名詞には格変化がない）

| | 単　数 | 複　数 | 疑問詞 |
|---|---|---|---|
| 第一人称 | 我 wǒ | 我们 wǒmen　咱们 zánmen | 谁 shéi<br>shuí |
| 第二人称 | 你 nǐ　您 nín | 你们 nǐmen | |
| 第三人称 | 他 tā　她 tā　它 tā | 他们 tāmen　她们 tāmen　它们 tāmen | |

① "您" は敬語体。

② "他" は男性を指し、"她" は女性を指す。

③ "它" は人間以外の対象（動物や事物など）に用いる。

## 二、姓名の聞き方：

### 1) 初対面の人か目上の人に聞く場合：

問：您　贵姓?　　　　　　　　　答：我　姓　于。
　　Nín guìxìng?　　　　　　　　　　Wǒ xìng Yú.

### 2) 同輩か目下の人に聞く場合：

問：你　姓　什么?　　　　　　　答：我　姓　大西。
　　Nǐ xìng shénme?　　　　　　　　　Wǒ xìng Dàxī.

### 3) フルネームを尋ねる場合：

問：你　叫　什么　名字?　　　　答：我　叫　于　姗。
　　Nǐ jiào shénme míngzi?　　　　　　Wǒ jiào Yú shān.

問：你　叫　什么?　　　　　　　答：我　叫　大西　茉莉。
　　Nǐ jiào shénme?　　　　　　　　　Wǒ jiào Dàxī mòlì.

### 4) "姓" と "叫"："姓" は姓のみ、"叫" は名を言う。

我　姓　李，她　姓　白。　　　　她　姓　黄，不　姓　王。
Wǒ xìng Lǐ,　tā xìng Bái.　　　　Tā xìng Huáng, bú xìng Wáng.

我　叫　于　姗。　　　　　　　　她　叫　白　玲。
Wǒ jiào Yú shān.　　　　　　　　Tā jiào Bái líng.

我　叫　大西　雄茂。　　　　　　她　叫　大野　里美。
Wǒ jiào Dàxī xióngmào.　　　　　Tā jiào Dàyě lǐměi.

## ■ 三、"是" 構文：

### 1）"是" 構文の肯定文

基本構文： A＋是＋B　　　　　　　　　AはBです。

例　　文： 我　是　学生。　　　　　　　我　是　日本人。
　　　　　Wǒ　shì xuéshēng.　　　　　Wǒ shì Rìběnrén.

### 2）"是" 構文の否定文

基本構文： A＋不是＋B　　　　　　　　AはBではありません。

例　　文： 他　不是　学生。　　　　　　她　不是　　中国人。
　　　　　Tā　búshì xuéshēng.　　　　　Tā búshì Zhōngguórén.

《練习 1 liànxíyī》次の日本語を中国語（"是" 構文）に訳しなさい。

1）私は学生です。　　　　　　　　　　訳文：＿＿＿＿＿＿＿＿＿＿＿

2）大西さんは日本人です。　　　　　　訳文：＿＿＿＿＿＿＿＿＿＿＿

3）彼は中国人ではなく、アメリカ人です。　　訳文：＿＿＿＿＿＿＿＿＿＿＿
　　　　　　　　　（美国人 Měiguórén）

《練习 2 liànxí'èr》先生或いは音声の後について日本人の苗字で四声の組合せを練習しよう。 🔊 137

|  | 第1声 | 第2声 | 第3声 | 第4声 | 軽　声 |
|---|---|---|---|---|---|
| 第1声 | Gāoshān<br>高山 | Cūntián<br>村田 | Jīnzǐ<br>金子 | Sōngxià<br>松下 | zhuōzi<br>桌子 |
| 第2声 | Tiánzhōng<br>田中 | Shéntián<br>神田 | Píngjǐng<br>平井 | Língmù<br>铃木 | zhúzi<br>竹子 |
| 第3声 | Yǒngshān<br>永山 | Xiǎolín<br>小林 | Shuǐgǔ<br>水谷 | Jǐngshàng<br>井上 | yǐzi<br>椅子 |
| 第4声 | Dàxī<br>大西 | Lìyuán<br>栗原 | Xìyě<br>细野 | Mùxià<br>木下 | kuàizi<br>筷子 |

適当な単語を□に入れて、会話を練習しなさい。

例1：

A：您好！
　　Nínhǎo!

B：您好！
　　Nínhǎo!

A：请问，您 贵姓？
　　Qǐngwèn, nín guìxìng?

B：我 姓 $\boxed{A}$ 于，您 呢？
　　Wǒ xìng　Yú,　nín ne?

A：我 姓 $\boxed{B}$ 大西。
　　Wǒ xìng　Dàxī.

B：初次 见面，请多　关照！
　　Chūcì jiànmiàn, qǐngduō guānzhào!

A：也 请 您 多多　关照！
　　Yě qǐng nín duōduō guānzhào!

例2：

A：你好！ 请问，你 叫 什么 名字？
　　Nǐhǎo! Qǐngwèn, nǐ jiào shénme míngzi?

B：我 姓 $\boxed{A}$ 于，叫 $\boxed{A}$ 于姗。你 呢？
　　Wǒ xìng　Yú,　jiào　Yúshān. Nǐ ne?

A：我 姓 $\boxed{B}$ 大西，叫 $\boxed{B}$ 大西 茉莉。
　　Wǒ xìng　Dàxī,　jiào　Dàxī　mòlì.

B：认识 你，很　高兴！
　　Rènshi nǐ,　hěn gāoxìng!

A：认识 你，我 也 很　高兴！
　　Rènshi nǐ,　wǒ yě hěn gāoxìng!

《补充生词 bǔchōng shēngcí》

① 您好！ Nínhǎo!

② 您贵姓？ Nín guìxìng? お名前は？

③ 您呢？ Nín ne?

④ 初次见面 Chūcìjiànmiàn はじめまして

⑤ 请多关照 Qǐngduō guānzhào どうぞ宜しく

⑥ 也请您多多关照 Yě qǐng nín duōduō guānzhào こちらこそどうぞ宜しく

| A：中国人姓名 Zhōngguórén xìngmíng | |
|---|---|
| ① 马力 Mǎlì | ⑩ 刘备 Liúbèi |
| ② 金华 Jīnhuá | ⑪ 关羽 Guānyǔ |
| ③ 白洁 Báijié | ⑫ 张飞 Zhāngfēi |
| ④ 林立 Línlì | ⑬ 赵云 Zhàoyún |
| ⑤ 徐敏 Xúmǐn | ⑭ 马超 Mǎchāo |
| ⑥ 何方 Héfāng | ⑮ 曹操 Cáocāo |
| ⑦ 王海 Wánghǎi | ⑯ 孙权 Sūnquán |
| ⑧ 石磊 Shílěi | ⑰ 周瑜 Zhōuyú |
| ⑨ 刘学 Liúxué | ⑱ 吕布 Lǚbù |

| B：日本人姓名 Rìběnrén xìngmíng | |
|---|---|
| ① 小林 Xiǎolín | ⑬ 田中 Tiánzhōng |
| ② 中林 Zhōnglín | ⑭ 大平 Dàpíng |
| ③ 山田 Shāntián | ⑮ 铃木 Língmù |
| ④ 中村 Zhōngcūn | ⑯ 三木 Sānmù |
| ⑤ 大野 Dàyě | ⑰ 福田 Fútián |
| ⑥ 中野 Zhōngyě | ⑱ 竹下 Zhúxià |
| ⑦ 小野 Xiǎoyě | ⑲ 宫泽 Gōngzé |
| ⑧ 大川 Dàchuān | ⑳ 村山 Cūnshān |
| ⑨ 大山 Dàshān | ㉑ 桥本 Qiáoběn |
| ⑩ 山口 Shānkǒu | ㉒ 吉田 Jítián |
| ⑪ 大岛 Dàdǎo | ㉓ 本田 Běntián |
| ⑫ 山本 Shānběn | ㉔ 大江 Dàjiāng |

《 会话 huìhuà 》 🔊 138

大西 : 你 是 留学生 吧?
Dàxī:　Nǐ shì liúxuéshēng ba?

于姗 : 对, 我 是 中国　留学生。
Yúshān: Duì,　wǒ shì Zhōngguó liúxuéshēng.

大西 : 你 现在 在 哪儿　上学?
Dàxī:　Nǐ xiànzài zài nǎr shàngxué?

于姗 : 日本 大学。你 呢?
Yúshān: Rìběn dàxué.　Nǐ ne?

大西 : 我 也 在 这儿 学习。
Dàxī:　Wǒ yě zài zhèr xuéxí.

于姗 : 你 是 哪个 学部 的?
Yúshān: Nǐ shì nǎge xuébù de?

大西 : 经济学部。
Dàxī:　Jīngjìxuébù.

　　　你 也 是 这个 学部 的 吗?
　　　Nǐ yě shì zhèige xuébù de ma?

于姗 : 不, 我 是 人文学部 的。
Yúshān: Bù,　wǒ shì rénwénxuébù de.

《 生词 shēngcí 》 🔊 139

① 留学生 liúxuéshēng 图 留学生
② 学生 xuéshēng 图 学生
③ 吧 ba 语助 ～でしょう(推量疑問文に用いる 文末助詞)
④ 对 duì はい,そうです,その通りです
⑤ 现在 xiànzài 图 今,現在
⑥ 在 zài 介 ～で(動作の行われる場所を示す 前置詞)
⑦ 哪儿 nǎr 疑 どこ
⑧ 上学 shàngxué 組 学校に通う
⑨ 日本大学 Rìběndàxué 图 日本大学
⑩ 呢 ne 语助 ～は?(省略疑問文に用いる文末 助詞)
⑪ 这儿 zhèr 代 ここ
⑫ 学习 xuéxí 动 勉強する,学習する
⑬ 哪个 nǎge/něige 疑 どの,どれ
⑭ 学部 xuébù 图 学部
⑮ 的 de 助 の,もの
⑯ 经济 jīngjì 图 経済
⑰ 经济学部 jīngjìxuébù 图 経済学部
⑱ 这个 zhège/zhèige 代 この,これ
⑲ 吗 ma 语助 ～か(疑問を表す文末助詞)
⑳ 不 bù 副 否定辞
㉑ 人文学部 rénwénxuébù 图 人文学部

## 一、場所代名詞（場所を表す指示代名詞）:

| ここ | そこ | あそこ | どこ |
|------|------|--------|------|
| 近 称 | | 遠 称 | 不定称 |
| ① 这儿 zhèr | | ② 那儿 nàr | ③ 哪儿 nǎr |
| ④ 这里 zhèli | | ⑤ 那里 nàli | ⑥ 哪里 nǎli |

## 二、疑問文:

1) 疑問詞疑問文:疑問詞を用いて尋ねる疑問文。文末には"吗"や"吧"を使わない。

例 文:

問:她是 谁 ?　　　　　答:她是 大西。
　　Tā shì shéi?　　　　　　 Tā shì Dàxī.

問:你叫 什么 名字?　　答:我 叫 于 姗。
　　Nǐ jiào shénme míngzi?　 Wǒ jiào Yú shān.

問:你吃 什么 ?　　　　答:我 吃 饺子。
　　Nǐ chī shénme?　　　　　 Wǒ chī jiǎozi.

問:你吃 哪个 ?　　　　答:我 吃 这个。
　　Nǐ chī nǎge?　　　　　　 Wǒ chī zhège.

問:你是 哪个 大学 的?　答:我 是 日本 大学 的。
　　Nǐ shì nǎge dàxué de?　 Wǒ shì Rìběn dàxué de.

問:你在 哪儿 学习?　　答:我 在家 学习。
　　Nǐ zài nǎr xuéxí?　　　 Wǒ zàijiā xuéxí.

問:你 几点 来 我 家?　　答:我 八点 去 你家。
　　Nǐ jǐdiǎn lái wǒ jiā?　 Wǒ bādiǎn qù nǐ jiā.

問:你 怎么 来 我 家?　　答:我 开车 去 你家。
　　Nǐ zěnme lái wǒ jiā?　 Wǒ kāichē qù nǐ jiā.

《常用疑问词 chángyòng yíwèncí》

1) 人を問う疑問詞:
谁 shéi/shuí 誰

2) 事物を問う疑問詞:
什么 shénme 何
哪个 nǎge どれ，どの，どちら

3) 場所を問う疑問詞:
哪儿 nǎr どこ

4) 時間を問う疑問詞:
几点 jǐdiǎn 何時

5) 方式を問う疑問詞:
怎么 zěnme どういうふうに

《补充生词 bǔchōng shēngcí》

① 吃 chī 動 食べる
② 饺子 jiǎozi 名 餃子
③ 家 jiā 图 家
④ 来 lái 動 来る
⑤ 八点 bādiǎn 数量 八時
⑥ 去 qù 動 行く
⑦ 开车 kāichē 動 車を運転する

**2)** "吗" 疑問文："吗" は平叙文の文末に用い、諾否疑問文を構成する。（〜か）

基本構文： A ＋ 动词 ＋ B ＋ 吗? （AはBですか？）

例　文：問：你　是　留学生　吗?　　　答：对，我 是　留学生。
　　　　　　Nǐ　shì　liúxuéshēng　ma?　　　　Duì,　wǒ shì liúxuéshēng.

　　　　問：你　是　韩国人　吗?　　　答：不，我 是　中国人。
　　　　　　Nǐ　shì　Hánguórén　ma?　　　　Bù,　wǒ shì Zhōngguórén.

**3)** "吧" 疑問文："吧" は平叙文の文末に用い、推量疑問文を構成する。（〜でしょう）

基本構文： A ＋ 动词 ＋ B ＋ 吧? （AはBでしょう？）

例　文：問：你　是　中国人　吧?　　　答：对，我 是　中国人。
　　　　　　Nǐ　shì　Zhōngguórén　ba?　　　Duì, wǒ shì Zhōngguórén.

　　　　問：她 也 是　中国人　吧?　　　答：不，她 是　韩国人。
　　　　　　Tā yě shì　Zhōngguórén　ba?　　Bù,　tā shì Hánguórén.

**4)** "呢" 疑問文：省略疑問文に用いる。（〜は）

基本構文： A ＋ 动词 ＋ B，C ＋ 呢? （AはBですが、Cは？）

例　文：問：我　是　中国人，你呢?　　答：我 是 日本人。
　　　　　　Wǒ　shì Zhōngguórén, nǐne?　　Wǒ shì Rìběnrén.

　　　　問：我　叫　于 姗，你呢?　　　答：我 叫 大西 茉莉。
　　　　　　Wǒ　jiào　Yú shān,　nǐne?　　Wǒ jiào Dàxī mòli.

〈練习 1 liànxíyī〉 先生或いは音声の後について日本の地名で四声の組合せを練習しよう。 🔊 140

|  | 第1声 | 第2声 | 第3声 | 第4声 | 軽声 |
|---|---|---|---|---|---|
| 第1声 | Dōngjīng<br>东京 | Xiāntái<br>仙台 | Shānkǒu<br>山口 | Qiānyè<br>千叶 | bāozi<br>包子 |
| 第2声 | Héngbīn<br>横滨 | Chángqí<br>长崎 | Qúnmǎ<br>群马 | Shénhù<br>神户 | píngzi<br>瓶子 |
| 第3声 | Dǎogēn<br>岛根 | Jiǔtián<br>酒田 | Guǎngdǎo<br>广岛 | Shuǐhù<br>水户 | jiǎozi<br>饺子 |
| 第4声 | Fùshān<br>富山 | Sìguó<br>四国 | Dàbǎn<br>大阪 | Lìmù<br>栃木 | zòngzi<br>粽子 |

★《替换练习 tìhuàn liànxí》

適当な単語を□に入れて、会話を練習しなさい。

1)“吗”疑問文と“呢”疑問文の練習

例1：

A：你 是 A 中国 人 吗？

B：对，我 是 A 中国 人。你 呢？

A：我 是 A 日本 人。

2)“吧”疑問文と“呢”疑問文の練習

例2：

liúxuéshēng

A：你 是 A 中国 留学生 吧？

B：不，我 是 A 韩国 留学生。你呢？

A：我 是 A 美国 留学生。

例3：

A：她 是 A 英国 人 吧？

B：对，她 是 A 英国 人。你呢？

A：我 是 A 法国 人。

3)疑問詞疑問文と“呢”疑問文の練習

例4：

nǎge dàxué    xuéshēng

A：你 是 哪个 大学 的 学生？

B：我 是 B 东京 大学的学生。你呢？

A：我 是 B 北京 大学的学生。

例5：

nǎge guójiā    liúxuéshēng

A：你 是 哪个 国家 的 留学生？

B：我 是 A 美国 留学生。你呢？

A：我 是 A 英国 留学生。

例6：

nǎr  shàngxué

A：你 在 哪儿 上学？

B：我 在 B 上海 上学。你呢？

A：我 在 B 美国 上学。

《国名和地名 guómíng hé dìmíng》

A：国名 guómíng

① 日本 Rìběn
② 中国 Zhōngguó
③ 美国 Měiguó
④ 英国 Yīngguó
⑤ 法国 Fǎguó
⑥ 德国 Déguó
⑦ 俄国 Éguó
⑧ 泰国 Tàiguó
⑨ 韩国 Hánguó
⑩ 印度 Yìndù
⑪ 印尼 Yìnní
⑫ 蒙古 Měnggǔ
⑬ 越南 Yuènán
⑭ 伊朗 Yīlǎng
⑮ 伊拉克 Yīlākè
⑯ 意大利 Yìdàlì
⑰ 加拿大 Jiānádà
⑱ 巴拿马 Bānámǎ

B：友好城市组 yǒuhǎo chéngshì

① 北京 Běijīng
② 上海 Shànghǎi
③ 天津 Tiānjīn
④ 重庆 Chóngqìng
⑤ 广州 Guǎngzhōu
⑥ 长春 Chángchūn
⑦ 沈阳 Shěnyáng
⑧ 开封 Kāifēng
⑨ 哈尔滨 Hā'ěrbīn
⑩ 昆明 Kūnmíng
⑪ 西安 Xī'ān
⑫ 济南 Jǐnán
⑬ 青岛 Qīngdǎo
⑭ 福州 Fúzhōu
⑮ 桂林 Guìlín
⑯ 苏州 Sūzhōu
⑰ 成都 Chéngdū

① 东京 Dōngjīng
② 大阪 Dàbǎn
③ 千叶 Qiānyè
④ 广岛 Guǎngdǎo
⑤ 福冈 Fúgāng
⑥ 仙台 Xiāntái
⑦ 札幌 Zhāhuǎng
⑧ 户田 Hùtián
⑨ 新潟 Xīnxì
⑩ 藤泽 Téngzé
⑪ 京都 Jīngdū
⑫ 下关 Xiàguān
⑬ 山口 Shānkǒu
⑭ 长崎 Chángqí
⑮ 熊本 Xióngběn
⑯ 金泽 Jīnzé
⑰ 甲府 Jiǎfǔ

# 第3课 | 你 学习 什么 专业?
**Dì sān kè** | **Nǐ xuéxí shénme zhuānyè?**

## 会话 huìhuà  🔊 141

大西： 你 学习 什么 专业?
Dàxī:　　Nǐ xuéxí shénme zhuānyè?

于姗： 我 学 日本 文学。
Yúshān:　Wǒ xué Rìběn wénxué.

大西： 你 喜欢 这个 专业 吗?
Dàxī:　　Nǐ xǐhuān zhège zhuānyè ma?

于姗： 喜欢。可是 我 的 日语 不太好。
Yúshān:　Xǐhuān.　Kěshì wǒ de Rìyǔ bútàihǎo.

大西： 没关系。以后 我 教 你。
Dàxī:　　Méiguānxi.　Yǐhòu wǒ jiāo nǐ.

于姗： 真的? 谢谢 你! 你 的 专业 呢?
Yúshān:　Zhēnde?　Xièxie nǐ!　Nǐ de zhuānyè ne?

大西： 中国 经济。我 真 希望
Dàxī:　　Zhōngguó jīngjì.　Wǒ zhēn xīwàng

　　　　你 能 每天 教 我 汉语。
　　　　nǐ néng měitiān jiāo wǒ Hànyǔ.

于姗： 太好了! 那 以后 你 教 我 日语,
Yúshān:　Tàihǎole!　Nà yǐhòu nǐ jiāo wǒ Rìyǔ,

　　　　我 教 你 汉语, 咱们 互相 帮助!
　　　　wǒ jiāo nǐ Hànyǔ,　zánmen hùxiāng bāngzhù!

## 生词 shēngcí  🔊 142

① 学习 xuéxí 動 勉強する, 学習する
② 学 xué 動 学ぶ, 習う
③ 专业 zhuānyè 名 専攻
④ 日本文学 Rìběnwénxué 名 日本文学
⑤ 喜欢 xǐhuān 動 好きだ
⑥ 这个 zhège 代 この, これ, こちら
⑦ 可是 kěshì 連 しかし, でも
⑧ 日语 Rìyǔ 名 日本語
⑨ 不太好 bútàihǎo あまりよくない
⑩ 没关系 méiguānxi 大丈夫だ
⑪ 以后 yǐhòu 名 これから, 今後
⑫ 教 jiāo 動 教える
⑬ 真的? zhēnde? 副 本当?
⑭ 谢谢 你! Xièxie nǐ! ありがとう
⑮ 经济 jīngjì 名 経済
⑯ 真 zhēn 副 本当に
⑰ 希望 xīwàng 動 希望する, ～てほしい
⑱ 能 néng 助動 できる
⑲ 每天 měitiān 名 毎日
⑳ 汉语 Hànyǔ 名 中国語
㉑ 太好了! Tàihǎole! よかった。やった!
　　　　　　　　　　大変素晴らしい。
㉒ 咱们 zánmen 代 私たち
㉓ 互相 hùxiāng 副 お互いに
㉔ 帮助 bāngzhù 動 助ける

《语法 yǔfǎ》

# 一、基本構文（1）： 動詞述語文

## 1）主語と述語動詞だけの場合：

| 主語 | 述　語 |
|---|---|
| | 述語動詞 |

我　　　　学习。　　　　　　　　　（私は勉強する。）
　　　　　xuéxí

他　　　　游泳。　　　　　　　　　（彼は泳ぐ。）
　　　　　yóuyǒng

## 2）述語動詞が目的語をとる場合：

| 主語 | 述　語 |
|---|---|
| | 動詞＋目的語 |

大西　　　吃　　饺子。　　　　　　（大西さんは餃子を食べる。）
Dàxī　　　chī　jiǎozi

李 娜　　　学习 日语。　　　　　　（李娜さんは日本語を勉強する。）
Lǐnà　　　xuéxí Rìyǔ

## 3）述語動詞が２つの目的語をとる場合：二重目的語構文

| 主語 | 述　語 |
|---|---|
| | 動詞＋目的語(1)（に）＋目的語(2)（を） |

我　　教　　你　　　　日语。　　　（私はあなたに日本語を教える。）
　　　jiāo

她　　教　　我　　　　英国文学。　　（彼女は私に英国文学を教える。）
　　　　　　　　　　　Yīngguówénxué

## 4）述語動詞が従属節の目的語をとる場合：

### 4-1）目的語(大)が 動詞＋目的語(小) の場合：

| 主語(大) | 述語動詞 ＋ 目的語(大)（従属節） |
|---|---|
| | 動　詞 ＋ 動詞 ＋目的語(小) |

我　　喜欢　　　吃　　饺子。　　　（私は餃子を食べるのが好きだ。）
　　　xǐhuān　　　chī　jiǎozi

李娜　　喜欢　　　学习 日语。　　　（李娜さんは日本語を勉強するのが好きだ。）
　　　　xǐhuān　　xuéxí Rìyǔ

## 4-2) 目的語節が 主語＋動詞＋目的語 の場合：

| 主語(大) | 述語動詞 ＋ 目的語(大)（従属節） |
|---|---|
| | 動　詞 ＋ 主語＋動詞＋目的語(小) |

我　　希望　　李娜　学习　日语。　（私は李娜さんに日本語を勉強してもらいたい。）
　　　xīwàng　　　　xuéxí

我　　希望　　你　喜欢　我。　（私を好きになってほしい。）

## 4-3) 目的語節が二重目的語構文である場合：

| 主語(大) | 述語動詞 ＋ 目的語(大)（従属節） |
|---|---|
| | 動　詞 ＋ 主語＋動詞＋目的語(1)＋目的語(2) |

我　　希望　　你　教　我　　汉语。　（あなたに中国語を教えてほしい。）
　　　xīwàng　　　jiāo　　Hànyǔ

他　　希望　　我　教　他　　日语。　（彼は私に日本語を教えてもらいたい。）

《 練習 1 liànxíyī 》 次の日本語を中国語（動詞述語文）に訳しなさい。

1）彼女は日本経済を勉強しています。　　　　訳文：＿＿＿＿＿＿＿＿＿＿＿

2）私は数学が好きではありません。　　　　　訳文：＿＿＿＿＿＿＿＿＿＿＿

3）大西さんは餃子を食べるのが好きです。　　訳文：＿＿＿＿＿＿＿＿＿＿＿

《 練習 2 liànxí'èr 》 先生或いは音声の後について次の専攻名で四声の組合せを練習しよう。 ◀)) 143

| | 第1声 | 第2声 | 第3声 | 第4声 | 軽　声 |
|---|---|---|---|---|---|
| 第1声 | gōngkē 工科 | jīnróng 金融 | shūfǎ 书法 | jīngjì 经济 | dōngmian 东面 |
| 第2声 | wénkē 文科 | wénxué 文学 | hánghǎi 航海 | huánjìng 环境 | nánmian 南面 |
| 第3声 | lǐkē 理科 | yǔyán 语言 | kǎogǔ 考古 | fǎlǜ 法律 | běimian 北面 |
| 第4声 | nèikē 内科 | shùxué 数学 | lìshǐ 历史 | qìxiàng 气象 | hòumian 后面 |

適当な単語を□に入れて、会話を練習しなさい。

例1：

A：你 学习 什么 专业？
　　Nǐ xuéxí shénme zhuānyè?

B：我 学习 [A＋C 法国 文学]。
　　Wǒ xuéxí 　　　Fǎguó wénxué.

例2：

A：你 喜欢 [A＋C 法国 文学] 吗？
　　Nǐ xǐhuān 　　　Fǎguó wénxué ma?

B：喜欢。可是 我 的 [B 法语] 不太好。
　　Xǐhuān. Kěshì wǒ de 　　Fǎyǔ bútàihǎo.

例3：

A：没 关系。以后 我 教 你 [B 法语]。
　　Méi guānxi. Yǐhòu wǒ jiāo nǐ 　　Fǎyǔ.

B：好！ 你 教 我 [B 法语]，我 教 你
　　Hǎo! Nǐ jiāo wǒ 　　Fǎyǔ, 　wǒ jiāo nǐ

　　[B 日语]，咱们 互相 帮助！
　　Rìyǔ, 　zánmen hùxiāng bāngzhù!

例4：

A：你 的 专业 是 什么？
　　Nǐ de zhuānyè shì shénme?

B：[A＋C 日本 经济]。你 呢？
　　　　Rìběn jīngjì. 　Nǐ ne?

A：我 的 专业 是 [A＋C 英国 历史]。
　　Wǒ de zhuānyè shì 　　Yīngguó lìshǐ.

例5：

A：你 喜欢 什么 专业？
　　Nǐ xǐhuān shénme zhuānyè?

B：我 喜欢 [A＋C 意大利 文学]。
　　Wǒ xǐhuān 　　　Yìdàlì wénxué.

| A：国名 guómíng | B：语言 yǔyán |
|---|---|
| ① 英国 Yīngguó | 英语 Yīngyǔ |
| ② 法国 Fǎguó | 法语 Fǎyǔ |
| ③ 德国 Déguó | 德语 Déyǔ |
| ④ 日本 Rìběn | 日语 Rìyǔ |
| ⑤ 俄国 Éguó | 俄语 Éyǔ |
| ⑥ 泰国 Tàiguó | 泰语 Tàiyǔ |
| ⑦ 韩国 Hánguó | 韩国语 Hánguóyǔ |
| ⑧ 中国 Zhōngguó | 汉语 Hànyǔ |
| ⑨ 西班牙 Xībānyá | 西班牙语 Xībānyáyǔ |
| ⑩ 意大利 Yìdàlì | 意大利语 Yìdàlìyǔ |

| C：专业 zhuānyè | |
|---|---|
| ① 文学 wénxué | ⑰ 数学 shùxué |
| ② 历史 lìshǐ | ⑱ 物理 wùlǐ |
| ③ 地理 dìlǐ | ⑲ 化学 huàxué |
| ④ 政治 zhèngzhì | ⑳ 生物 shēngwù |
| ⑤ 经济 jīngjì | ㉑ 电子 diànzǐ |
| ⑥ 经营 jīngyíng | ㉒ 天文 tiānwén |
| ⑦ 会计 kuàijì | ㉓ 建筑 jiànzhù |
| ⑧ 金融 jīnróng | ㉔ 设计 shèjì |
| ⑨ 哲学 zhéxué | ㉕ 气象 qìxiàng |
| ⑩ 语言 yǔyán | ㉖ 水利 shuǐlì |
| ⑪ 法律 fǎlǜ | ㉗ 统计 tǒngjì |
| ⑫ 教育 jiàoyù | ㉘ 航海 hánghǎi |
| ⑬ 音乐 yīnyuè | ㉙ 电脑 diànnǎo |
| ⑭ 国际关系 guójìguānxi | |
| ⑮ 古代历史 gǔdàilìshǐ | |
| ⑯ 现代文学 xiàndàiwénxué | |

《会话 huìhuà》 🔊 144

于姗：你 家 有 几 口 人?
Yúshān: Nǐ jiā yǒu jǐ kǒu rén?

大西：我 家 有 九 口 人。
Dàxī: Wǒ jiā yǒu jiǔ kǒu rén.

于姗：都有 什么 人?
Yúshān: Dōuyǒu shénme rén?

大西：有 爷爷、奶奶、爸爸、妈妈、
Dàxī: Yǒu yéye、 nǎinai、 bàba、 māma、

　　　 两 个 姐姐、一个 哥哥 和 一个
　　　 liǎng ge jiějie、 yí ge gēge hé yí ge

　　　 弟弟，还 有 我。你 家 呢?
　　　 dìdi, hái yǒu wǒ. Nǐ jiā ne?

于姗：我 家 有 五 口 人。
Yúshān: Wǒ jiā yǒu wǔ kǒu rén.

　　　 有 姥爷、姥姥、父母 和 我。
　　　 Yǒu lǎoye、 lǎolao、 fùmǔ hé wǒ.

大西：那 你 没有 哥哥、姐姐 和 弟弟、
Dàxī: Nà nǐ méiyǒu gēge、 jiějie hé dìdi、

　　　 妹妹 吗?
　　　 mèimei ma?

于姗：没有。我 是 独生女。
Yúshān: Méiyǒu. Wǒ shì dúshēngnǚ.

《生词 shēngcí》 🔊 145

① 家 jiā 名 家
② 有 yǒu 动 ある, いる, 持っている
③ 几 jǐ 疑 いくつ, いくら, どれくらい
④ 口 kǒu 量 (家族を数える場合の量詞)
⑤ 都 dōu 副 みんな, 全部で
⑥ 个 ge 量 (使用頻度の最も高い量詞)
⑦ 和 hé 連 と
⑧ 还 hái 副 それに, そして
⑨ 那 nà 連 それでは, すると
⑩ 没有 méiyǒu 动 持っていない, ない
⑪ 独生女 dúshēngnǚ 名 一人娘

**数量词 shùliàngcí**

| 一 | 二 | 三 | 四 | 五 |
|---|---|---|---|---|
| yī | èr | sān | sì | wǔ |
| 六 | 七 | 八 | 九 | 十 |
| liù | qī | bā | jiǔ | shí |

两 liǎng 二(量詞の前に用いる)

**家人的称呼 jiārén de chēnghū**

① 爸爸 bàba 父 ② 妈妈 māma 母
③ 哥哥 gēge 兄 ④ 姐姐 jiějie 姉
⑤ 弟弟 dìdi 弟 ⑥ 妹妹 mèimei 妹
⑦ 爷爷 yéye (父方の)お爺さん
⑧ 奶奶 nǎinai (父方の)お婆さん
⑨ 姥爷 lǎoye (母方の)お爺さん
⑩ 姥姥 lǎolao (母方の)お婆さん
⑪ 父母 fùmǔ 両親, 父母

## 《语法 yǔfǎ》

**一、親族呼称：** ○印のついているものは相手に呼びかける時にも使える。

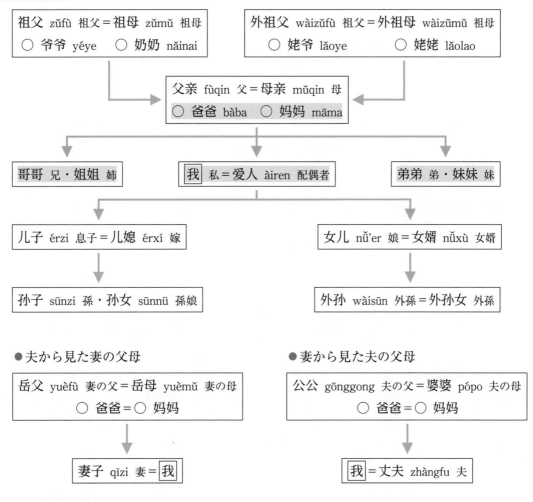

● 夫から見た妻の父母

岳父 yuèfù 妻の父＝岳母 yuèmǔ 妻の母
○ 爸爸＝○ 妈妈

↓

妻子 qīzi 妻＝我

● 妻から見た夫の父母

公公 gōnggong 夫の父＝婆婆 pópo 夫の母
○ 爸爸＝○ 妈妈

↓

我＝丈夫 zhàngfu 夫

**二、"有" 構文 (1)：** 所有を表す。

**1）疑問詞疑問文：**

A（人物）＋ 有 ＋（疑問詞）＋ B

問：大西　有　几个　姐姐?
　　　　　 yǒu　jǐge　jiějie

**2）肯定文：**

A（人物）＋ 有 ＋（数量）＋ B

答：大西　有　两个　姐姐。
　　　　　 yǒu liǎngge jiějie

**3）"吗" 疑問文：**

A（人物）＋ 有 ＋ B ＋ 吗?

問：你　有 辞典 吗?
　　　（cídiǎn 辞書）

**4）否定文：** "没有" は "有" の否定に用いる

A（人物）＋ 没有 ＋ B

答：我　没有　辞典。
　　　　 méiyǒu cídiǎn

## ■ 三、"两" と "二" の使い分け：

"2" を表す数詞には "二"（èr）と "两"（liǎng）があり、以下のように使い分けられる。

### 1）一桁の数として用いられる場合：

#### 1-1）基数（計量数）として「二つ」（two）を意味する場合は、"两"（liǎng）と言う。

| 两　个　月（2ヶ月） | 两　个　星期（2週間） | 两　口　人 |
|---|---|---|
| liǎng ge yuè | liǎng ge xīngqī | liǎng kǒu rén |

#### 1-2）序数として「二番目」（second）を意味する場合は、"二"（èr）と言う。

| 第二课 | 星期二（火曜日） | 二楼（二階） |
|---|---|---|
| dì'èr kè | xīngqī'èr | èrlóu |

### 2）二桁以上の数字の末位に用いられる場合は、"二"（èr）と言う。

| 十二个　学生 | 五十二　页（52頁） | 一百　零二　岁（102才） |
|---|---|---|
| shí'èrge xuéshēng | wǔshi'èr yè | yìbǎi líng'èr suì |

### 3）"十" の前に用いられる場合は、"二"（èr）と言う。

| 二十　岁 | 二十一　号（21日） | 二十个　学生 |
|---|---|---|
| èrshi suì | èrshiyī hào | èrshíge xuésheng |

《練習 1 liànxiyi》 先生或いは音声の後について下記の親族呼称の発音を練習しなさい。 🔊 146

| 1）祖父 | 2）祖母 | 3）外祖父 | 4）外祖母 | 5）父亲 |
|---|---|---|---|---|
| zǔfù | zǔmǔ | wàizǔfù | wàizǔmǔ | fùqin |

| 6）母亲 | 7）爷爷 | 8）奶奶 | 9）姥爷 | 10）姥姥 |
|---|---|---|---|---|
| mǔqin | yéye | nǎinai | lǎoye | lǎolao |

| 11）爱人 | 12）儿子 | 13）儿媳 | 14）女儿 | 15）女婿 |
|---|---|---|---|---|
| àiren | érzi | érxí | nǚ'ér | nǚxù |

| 16）岳父 | 17）岳母 | 18）公公 | 19）婆婆 | 20）丈夫 |
|---|---|---|---|---|
| yuèfù | yuèmǔ | gōnggong | pópo | zhàngfu |

| 21）妻子 | 22）孙子 | 23）孙女 | 24）外孙 | 25）外孙女 |
|---|---|---|---|---|
| qīzi | sūnzi | sūnnǚ | wàisūn | wàisūnnǚ |

注："爱人" は配偶者の意味で、夫にとっての妻、妻にとっての夫。どちらにも使える。

★《替换练习 tìhuàn liànxí》

適当な単語を□に入れて、会話を練習しなさい。

例 1：

A：你 家 有 几 口 人？
　　Nǐ jiā yǒu jǐ kǒu rén?

B：我 家 有 │A 八 口│ 人。
　　Wǒ jiā yǒu 　　bā kǒu rén.

例 2：

A：你 家 都 有 什么 人？
　　Nǐ jiā dōu yǒu shénme rén?

B：有 │B 爷爷、奶奶、爸爸、妈妈、│
　　Yǒu 　　yéye、 nǎinai、 bàba、 māma、

　│一个 哥哥 和 两个 弟弟, 还有 我│。
　　yíge gēge hé liǎngge dìdi, háiyǒu wǒ.

　你 家 呢？
　　Nǐ jiā ne?

A：我 家 有 │A 五 口│ 人。
　　Wǒ jiā yǒu 　　wǔ kǒu rén.

　有 │B 姥爷、姥姥、父母 和 我│。
　　Yǒu 　　lǎoye、 lǎolao、 fùmǔ hé wǒ.

例 3：

A：你 有 │B 妹妹│ 吗？
　　Nǐ yǒu 　　mèimei ma?

B：有，我 有 │A 两个│ 妹妹。
　　Yǒu, wǒ yǒu 　　liǎngge mèimei.

例 4：

A：你 有 哥哥、姐姐 和弟弟、妹妹吗？
　　Nǐ yǒu gēge、 jiějie hédìdi、 mèimeima?

B：没有。我 是 │C 独生女│。
　　Méiyǒu. Wǒ shì 　　dúshēngnǚ.

《补充生词 bǔchōng shēngcí》

| A：数词 shùcí | 数 ＋ 量 ＋ 名 |
|---|---|
| ① 一 yī | ⑪ 两 liǎng |
| ② 二 èr | ⑫ 几口 　人？ |
| ③ 三 sān | ⑬ 六口 　人 |
| ④ 四 sì | ⑭ 几个 　弟弟？ |
| ⑤ 五 wǔ | ⑮ 两个 　弟弟 |
| ⑥ 六 liù | ⑯ 一个 　哥哥 |
| ⑦ 七 qī | ⑰ 三个 　姐姐 |
| ⑧ 八 bā | ⑱ 四个 　妹妹 |
| ⑨ 九 jiǔ | |
| ⑩ 十 shí | |

| B：家人的称呼 jiārén de chēnghū | |
|---|---|
| ○（口頭用語） | ◇（文章用語） |
| ① 爷爷 yéye | ◇ 祖父 zǔfù |
| ② 奶奶 nǎinai | ◇ 祖母 zǔmǔ |
| ③ 姥爷 lǎoye | ◇ 外祖父 wàizǔfù |
| ④ 姥姥 lǎolao | ◇ 外祖母 wàizǔmǔ |
| ⑤ 爸爸 bàba | ◇ 父亲 fùqin |
| ⑥ 妈妈 māma | ◇ 母亲 mǔqin |
| ⑦ 哥哥 gēge | |
| ⑧ 姐姐 jiějie | |
| ⑨ 弟弟 dìdi | |
| ⑩ 妹妹 mèimei | |

| C：补充生词 bǔchōng shēngcí |
|---|
| ⑪ 独生子 dúshēngzǐ 一人息子 |
| ⑫ 独生女 dúshēngnǚ 一人娘 |

## 会话 huìhuà 🔊147

于姗: 哪个 相机 是 你的?
Yúshān: Nǎge xiàngjī shì nǐde?

大西: 这个 红的 是 我的,
Dàxī: Zhèige hóngde shì wǒde,

　　　 那个 黑的 是 我 爸爸的。
　　　 nèige hēide shì wǒ bàbade.

于姗: 你 的 相机 真 漂亮!
Yúshān: Nǐ de xiàngjī zhēn piàopiang!

　　　 一定 很 贵 吧?
　　　 Yídìng hěn guì ba?

大西: 不太 贵。我 爸爸的 比 我的 贵。
Dàxī: Bútài guì. Wǒ bàbade bǐ wǒde guì.

于姗: 他的 好用, 还是 你的 好用?
Yúshān: Tāde hǎoyòng, háishì nǐde hǎoyòng?

大西: 我 爸爸的 比 我的 好用。
Dàxī: Wǒ bàbade bǐ wǒde hǎoyòng.

于姗: 可是, 我 觉得 黑的 没有 红的
Yúshān: Kěshì, wǒ juéde hēide méiyǒu hóngde

　　　 好看。
　　　 hǎokàn.

## 生词 shēngcí 🔊148

**指示代词 zhǐshìdàicí** 指示代名詞

① 这 zhè/zhèi これ
② 那 nà/nèi あれ, それ
③ 哪 nǎ/něi どれ
④ 这个 zhège/zhèige これ
⑤ 那个 nàge/nèige あれ, それ
⑥ 哪个 nǎge/něige どれ

**生词 shēngcí**

① 相机 xiàngjī 名 カメラ
② 的 de 助 の, もの
③ 红 hóng 形 赤い
④ 黑 hēi 形 黒い
⑤ 真 zhēn 副 本当に
⑥ 漂亮 piàoliang 形 きれい
⑦ 一定 yídìng 副 きっと
⑧ 很 hěn 副 とても
⑨ 贵 guì 形 高い
⑩ 吧 ba 助 ～でしょう
⑪ 不太贵 bútàiguì それほど高くない
⑫ 比 bǐ 介 より
⑬ 好用 hǎoyòng 形 使いやすい
⑭ 还是 háishì 連 それとも
⑮ 可是 kěshì 連 でも
⑯ 觉得 juéde 動 ～と思う
⑰ 没有 méiyǒu 副 それほど～ない
⑱ 好看 hǎokàn 形 きれい, 格好いい

《 **语法** yǔfǎ 》

**一、指示代名詞：**

　　人・物を指し示す場合、指示語が使われる。日本語では近・中・遠称（コ・ソ・ア）の三区分と疑問を表す不定称（ド）で表すが、中国語は時・空間的、心理的に近いもの"这"と、遠いもの"那"の二区分及び疑問を表す"哪"で表す。

| | コ | ソ | ア | ド |
|---|---|---|---|---|
| | 近　称 | | 遠　称 | 不定称 |
| 単数 | ① 这 zhè/zhèi | ② 那 nà/nèi | | ③ 哪 nǎ/něi |
| | ④ 这个 zhège/zhèige | ⑤ 那个 nàge/nèige | | ⑥ 哪个 nǎge/něige |
| 複数 | ⑦ 这些 zhèxiē/zhèixiē | ⑧ 那些 nàxiē/nèixiē | | ⑨ 哪些 nǎxiē/něixiē |

**1)** "主语" zhǔyǔ（主語）として

問：哪个 好?　　　　　　　答：这个 好。
　　Nǎge　　　　　　　　　　　Zhège

問：哪个 是你的?　　　　　答：那个 是我的。

**2)** "定语" dìngyǔ（連体修飾語）として

問：哪个 相机　好用?　　　答：这个 相机　好用。
　　xiàngjī hǎoyòng　　　　　　xiàngjī hǎoyòng

問：你 喜欢 哪个 菜?　　　答：我 喜欢 那个 菜。
　　xǐhuān nǎge cài　　　　　　xǐhuān nàge cài

**3)** "宾语" bīnyǔ（目的語）として

問：你吃 哪个?（＊哪）　　答：我吃 这个。（＊这）

**文法用語：**
① 主语 zhǔyǔ 主語
② 宾语 bīnyǔ 目的語
③ 定语 dìngyǔ 連体修飾語
④ 中心语 zhōngxīnyǔ 被修飾語
⑤ 结构助词 jiégòuzhùcí 構造助詞

**二、構造助詞"的"：**

**1)** "的" の意味：「～の」という意味の助詞。"A 的 B" は「AのB」という意味を表す。

定语 ＋ 的 ＋ 中心语　　　　　定语 ＋ 的 ＋ 中心语
① 这 是 爸爸　的　　手机。　　② 妹妹　的　　相机　真　漂亮!
　　　　　　　　　　shǒujī　　　　　　　　　　xiàngjī zhēn piàoliang

**2)** "中心语" の省略："A 的 B" の "B"（中心语）が文脈で分かる場合は省略可能。
① 問：这是 谁 的 相机?　　　　答：我 的。
② 問：你是 北京 大学 的 学生吗?　　答：我不是北大 的，是东大 的。
　　　Běijīng dàxué xuéshēng　　　　　　　Běidà　　　Dōngdà

**3)** "的" の省略："A" に人称代名詞、"B" にその親族が入る場合に "的" が省略可能。
① 問：她是 你姐姐吗?　　　　　　答：不，她是 我妹妹。
　　　　jiějie　　　　　　　　　　　　　　mèimei

## 三、基本構文（2）： 形容詞述語文

### 1）主語と述語形容詞だけの場合：

| 主語 ‖ | 述語形容詞 |
|---|---|

① 問：哪个　　好?　　　　　　　　　　答：这个 好。

② 問：红的相机　贵吗?　　　　　　　　答：红的 不贵。（不 は全面的否定）
　　　　Hóng xiàngjī guì

### 2）述語形容詞が副詞に修飾される場合：

| 主語 ‖ | 副詞＋述語形容詞 |
|---|---|

① 問：黑的 相机　很 贵吧?　　　　　　答：对，黑的 很 贵。
　　　Hēi　xiàngjī hěn guì　　　　　　　　Duì　hēi　hěn guì

② 問：红的相机 也很 贵吗?　　　　　　答：红的 不太贵。（不太 は程度或いは部分的否定）

### 3）比較文の場合：

肯定文　　　　　　　　　　　　　　　　否定文

| A | 比＋B＋述語形容詞 |
|---|---|

| A | 没有＋B＋述語形容詞 |
|---|---|

① 北京　　比 上海　大。　　　　　　上海　没有 北京 大。
　　Běijīng　bǐ Shànghǎi

② 哥哥　　比 弟弟 高。　　　　　　弟弟　没有 哥哥 高。
　　　　　　　gāo

《练习 1 liànxíyi》形容词＋的 の四声と軽声の組合せの練習をしなさい。 ◀)) 149

| D：形容词＋的 | 第1声＋軽声 | 第2声＋軽声 | 第3声＋軽声 | 第4声＋軽声 |
|---|---|---|---|---|
| （色を表す形容詞） | ① 黑的 hēide | ② 白的 báide | ③ 紫的 zǐde | ④ 绿的 lǜde |
| （味を表す形容詞） | ⑤ 酸的 suānde | ⑥ 甜的 tiánde | ⑦ 苦的 kǔde | ⑧ 辣的 làde |
| （形状を表す形容詞） | ⑨ 方的 fāngde | ⑩ 圆的 yuánde | ⑪ 小的 xiǎode | ⑫ 大的 dàde |
| （温度を表す形容詞） | ⑬ 温的 wēnde | ⑭ 凉的 liángde | ⑮ 冷的 lěngde | ⑯ 热的 rède |
| （体型を表す形容詞） | ⑰ 高的 gāode | ⑱ 肥的 féide | ⑲ 矮的 ǎide | ⑳ 瘦的 shòude |

★ 《替换练习 tìhuàn liànxí》

適当な単語を□に入れて、会話を練習しなさい。

### 1）"指示代词" を "主语" とする練習

例1：

A： A 这 是 C 你妈妈 的 B 钱包 qiánbāo 吗?
B： A 这 不是 C 我妈妈 的, 是 C 我爸爸 的。

例2：

A： A 哪个 是 C 你 的 B 手机?
B： A 这个 是 C 我 的 B 手机。

### 2）"指示代词" を "定语" とする練習

例3：

A： A 这些 B 书 是 C 你 的 吗?
B： A 这些 B 书 不是 B 我 的, 是 C 她 的。

例4：

A： A 哪个 B 电脑 diànnǎo 是 C 你爸爸 的?
B： A 这个 D 大的 是 C 我爸爸 的。

### 3）"指示代词" を "宾语" とする練習

例5：

A： C 你 弟弟 的 B 书包 shūbāo 是 A 哪个?
B： C 我 弟弟 的 B 书包 是 A 这个。

### 4）形容詞述語文と 形容詞＋的 の練習

例6：

A： D 甜的 Tián D 好吃 hǎochī, 还是 háishì D 酸的 suān D 好吃 hǎochī?
B： 我 觉得 juéde D 甜的 tián 比 bǐ D 酸的 suān D 好吃 hǎochī。

例7：

A： D 大的 hǎoyòng D 好用 háishì, 还是 D 小的 xiǎo D 好用 hǎoyòng?
B： 我 觉得 D 大的 没有 D 小的 D 好用。

《补充生词 bǔchōng shēngcí》

**A：指示代词 zhǐshìdàicí**

① 这 zhè/zhèi
② 这个 zhè/zhèige
③ 那 nà/nèi
④ 那个 nà/nèige
⑤ 哪 nǎ/něi
⑥ 哪个 nǎ/něige
⑦ 这些 zhè/zhèixiē
⑧ 那些 nà/nèixiē
⑨ 哪些 nǎ/něixiē

**B：名词** | **B：名词**

① 手机 shǒujī | ① 书 shū
② 电话 diànhuà | ② 小说 xiǎoshuō
③ 电脑 diànnǎo | ③ 杂志 zázhì
④ 电视 diànshì | ④ 报纸 bàozhǐ
⑤ 钱包 qiánbāo | ⑤ 书包 shūbāo
⑥ 眼镜 yǎnjìng | ⑥ 相机 xiàngjī

**C：家人** | **C：人称代词**

① 爷爷 yéye | ① 我 wǒ
② 奶奶 nǎinai | ② 你 nǐ 您 nín
③ 爸爸 bàba | ③ 他 tā
④ 妈妈 māma | ④ 她 tā
⑤ 哥哥 gēge | ⑤ 我们 wǒmen
⑥ 姐姐 jiějie | ⑥ 咱们 zánmen
⑦ 弟弟 dìdi | ⑦ 你们 nǐmen
⑧ 妹妹 mèimei | ⑧ 他们 tāmen

**D：形容词＋（的）**

A① 苦 kǔ | ③ 好吃 hǎochī
　② 甜 tián
B① 新 xīn | ③ 好看 hǎokàn
　② 旧 jiù
C① 热 rè | ③ 好喝 hǎohē
　② 凉 liáng
D① 大 dà | ③ 好用 hǎoyòng
　② 小 xiǎo

57

《 会话 huìhuà 》 🔊 150

于姗： **你 今年 多大?**
Yúshān: Nǐ jīnnián duōdà?

大西： **我 属 羊，二〇〇三年 生的，**
Dàxī: Wǒ shǔ yáng, èrlínglíngsān nián shēngde,

　　　 **今年 二十 岁。你 属 什么?**
　　　 jīnnián èrshi suì. Nǐ shǔ shénme?

于姗： **我 属 猴，二〇〇四年 生的。**
Yúshān: Wǒ shǔ hóu, èrlíngsì nián shēngde.

大西： **那 我 比 你 大 一 岁，**
Dàxī: Nà wǒ bǐ nǐ dà yī suì,

　　　 **你 应该 叫 我 姐姐。**
　　　 nǐ yīnggāi jiào wǒ jiějie.

于姗： **好啊！ 妹妹 要是 有事，**
Yúshān: Hǎo'a! Mèimei yàoshì yǒushì,

　　　 **姐姐 可要 舍命 相助 的 呀！**
　　　 jiějie kěyào shěmìng xiāngzhù de ya!

大西： **没问题，随叫随到！**
Dàxī: Méiwèntí, suíjiàosuídào!

于姗： **那，你 的 手机 号码 是 多少?**
Yúshān: Nà, nǐ de shǒujī hàomǎ shì duōshǎo?

大西： **０８０－１２３４－５６７８。**
Dàxī: Língbālíng - yāo'èr sānsì - wǔliùqībā.

《 生词 shēngcí 》 🔊 151

① 今年 jīnnián 图 今年
② 多大 duōdà 組 何歳か
③ 岁 suì 才
④ 属 shǔ 动 ～の干支に属する
⑤ 你属什么? あなたの干支は何ですか。
⑥ 羊 yáng 图 未年
⑦ 猴 hóu 图 申年
⑧ 二〇〇三年 èrlínglíngsānnián 2003 年
⑨ 生 shēng 动 生まれる
⑩ 应该 yīnggāi 助动 ～べき
⑪ 叫 jiào 动 (～を～と) 呼ぶ
⑫ 好啊! Hǎo'a! いいですよ。
⑬ 要是 yàoshì 连 もし
⑭ 有事 yǒushì 組 用事がある, 何事か起こる
⑮ 可 kě 副 語気を強める
⑯ 要 yào 助动 ～しなければならない
⑰ 要～的呀! ～しなければならないのよ!
⑱ 舍命相助 shěmìngxiāngzhù 組
　　　 命を懸けて助ける
⑲ 没问题 méiwèntí 組 問題ない
⑳ 随叫随到 suíjiàosuídào 組
　　　 呼ばれるとすぐ飛んでいく
㉑ 手机 shǒujī 图 携帯
㉒ 号码 hàomǎ 图 番号
㉓ 多少 duōshǎo 疑 何番か, いくつ

《语法 yǔfǎ》

**一、数詞：**

**1) 番号の言い方：**

| 1 | 2 | 3 | 4 | 5 | 6 | 7 | 8 | 9 | 10 |
|---|---|---|---|---|---|---|---|---|---|
| yāo | èr | sān | sì | wǔ | liù | qī | bā | jiǔ | yāolíng |

**2) 数の言い方：**

| 零 | 一 | 二 | 三 | 四 | 五 | 六 | 七 | 八 | 九 | 十 |
|---|---|---|---|---|---|---|---|---|---|---|
| líng | yī | èr | sān | sì | wǔ | liù | qī | bā | jiǔ | shí |

| 十一 | 十二 | 十三 | 十四 | 十五 | 十六 | 十七 | 十八 | 十九 | 二十 |
|---|---|---|---|---|---|---|---|---|---|
| shíyī | shí'èr | shísān | shísì | shíwǔ | shíliù | shíqī | shíbā | shíjiǔ | èrshí |

| 二十一 | 二十二 | 二十三 | 二十四 | 二十五 | 二十六 | 二十七 | 二十八 | 二十九 | 三十 |
|---|---|---|---|---|---|---|---|---|---|
| èrshiyī | èrshi'èr | èrshisān | èrshisì | èrshiwǔ | èrshiliù | èrshiqī | èrshibā | èrshijiǔ | sānshí |

| 三十一 | …… | 四十 | 四十二 | …… | 五十 | 五十三 | …… | 六十 | 六十四 |
|---|---|---|---|---|---|---|---|---|---|
| sānshiyī | | sìshí | sìshi'èr | | wǔshí | wǔshisān | | liùshí | liùshisì |

| 七十 | 七十五 | …… | 八十 | 八十六 | …… | 九十 | 九十七 | 九十八 | 九十九 |
|---|---|---|---|---|---|---|---|---|---|
| qīshí | qīshiwǔ | | bāshí | bāshiliù | | jiǔshí | jiǔshiqī | jiǔshibā | jiǔshijiǔ |

| 一百 | 二百 | 三千 | 四千 | 五万 | 六万 | 七十万 | 八百万 | 九千万 | 一亿 |
|---|---|---|---|---|---|---|---|---|---|
| yìbǎi | èrbǎi | sānqiān | sìqiān | wǔwàn | liùwàn | qīshiwàn | bābǎiwàn | jiǔqiānwàn | yíyì |

**3) 年の言い方と尋ね方**

| 一九八一年 | 二〇〇〇年 | 二〇〇六年 | 二〇二几年 | 二〇几几年 |
|---|---|---|---|---|
| yījiǔbāyī nián | èrlínglínglíng nián | èrlínglíngliù nián | èrlíng'èrjǐ nián | èrlíngjǐjǐ nián |

**二、年齢の尋ね方：**

**1) 何年生まれを聞く場合：**

問：你属什么? 答：我属龙。 問：那你弟弟呢? 答：我弟弟属马。

問：你妈妈(是)一九几几年生的? 答：我妈妈(是)一九七五年生的。

**2) 子供の年齢を聞く場合：**

問：你弟弟几岁了? 答：八岁了。 問：小朋友，你几岁了? 答：我七岁。

問：你儿子多大了? 答：六岁了。 問：小妹妹你几岁了? 答：我九岁了。

59

**3) 同世代の年齢を聞く場合：**

問：你有多大？　　　　答：我十八岁。　　　問：你姐姐 多大？　　　　答：她二十三岁。

問：你弟弟多大了？　　答：他十六岁。　　　問：你哥哥 多少岁？　　答：他三十一岁。

**4) 大人、年配の人に聞く場合：**

問：您有多大年纪？　　答：我六十岁。　　　問：你奶奶多大年纪了？　　答：八十六了。

問：你爸爸多大年纪？　答：五十八岁。　　　問：老爷爷，您多大岁数？　答：我九十八了。

注："几" も "多少" も数を尋ねる疑問詞である。"几" は通常 10 以下の数が予測される場合に使うので、"你几岁？" は大人に対して使ってはいけない。"多少" にはそのような制約がない。

**三、 多＋形容词 疑問文：** "多" が形容詞の前に置かれると程度（どれぐらい）を聞く疑問詞になる。

**1) "多" 疑問文の構文：**

| 主語 ‖ 有 ＋ 多＋述語形容詞 |

① 問：你妹妹 有 　多 　高？

② 問：你弟弟 有 　多 　大？

**2) 比較文で答えることができる。**

| 主語 ‖ 比＋ B ＋述語形容詞＋数量詞 |

答：我妹妹 比 我 　矮 三公分(3センチ)。

答：我弟弟 比 我 小 三岁。

**3) "有" は省略されることがある。**

| 主語 ‖ (有)＋多＋述語形容詞 |

① 問：你爸爸 (有) 　多 　重？

② 問：你哥哥 (有) 　多 　高？

**4) 下記の "有" が省略されると 名詞述語文 になる。**

| 主語 ‖ (有)＋程度を示す述語数量詞 |

答：我爸爸 (有) 60 公斤(キロ)。

答：我哥哥 (有) 一米八。

《 練習 1 liànxíyi 》 次の日本語を中国語に訳しなさい。

1) お父さんは何年生まれですか。　　　　訳文：＿＿＿＿＿＿＿＿＿＿＿＿

2) あなたの干支は何ですか。　　　　　　訳文：＿＿＿＿＿＿＿＿＿＿＿＿

3) 母はウマ年です。　　　　　　　　　　訳文：＿＿＿＿＿＿＿＿＿＿＿＿

4) 兄は私より四つ年上です。　　　　　　訳文：＿＿＿＿＿＿＿＿＿＿＿＿

★ 《替换练习 tìhuàn liànxí》

適当な単語を□に入れて、会話を練習しなさい。

### 1）子供の年齢を尋ねる練習

例1：

A：| A 你弟弟 | 几岁了？  
　　　　　*jǐsuì*

B：| A 我弟弟 | 六岁了。

### 2）同世代の年齢を尋ねる練習

例2：

A：| A 他哥哥 | 今年 多大？

B：| A 他哥哥 | 今年 | 二十一岁 |。

例3：

A：| A 你姐姐 | 多少岁？

B：| A 我姐姐 | 二十二岁 |。

### 3）大人、年配の人に尋ねる練習

例4：

A：| A 他奶奶 | 多大岁数？  
　　　　　*suìshu*

B：| A 他奶奶 | 七十三岁 |。

例5：

A：| A 你爷爷 | 今年 多大年纪了？  
　　　　　*niánjì*

B：| A 我爷爷 | 今年 | 八十一岁 | 了。

### 4）生まれ年を尋ねる練習

例6：

A：| A 你 | 属什么？　　B：| A 我 | 属 | B 鸡 |。  
　　　*shǔ*

A：那 | A 你妈妈 | 呢？　　B：| A 我妈妈 | 属 | B 羊 |。

例7：

A：| A 你哥哥 | 是 哪(一)年 生的？

B：| A 他 | 属 | B 马 |，是 | B 2002 年 | 生的？

### 5）番号の言い方の練習

例8：

A：你的 | B 手机 | 号码 是 多少？  
　　　　　　　　*duōshǎo*

B：我的 | B 手机 | 是 | 080-8765-4321 |。

《补充生词 bǔchōng shēngcí》

| A：家人的称呼 jiārén de chēnghū |
| :--- |

| ① 爷爷 yéye | ⑦ 哥哥 gēge |
| ② 奶奶 nǎinai | ⑧ 姐姐 jiějie |
| ③ 姥爷 lǎoye | ⑨ 弟弟 dìdi |
| ④ 姥姥 lǎolao | ⑩ 妹妹 mèimei |
| ⑤ 爸爸 bàba | ⑪ 儿子 érzi |
| ⑥ 妈妈 māma | ⑫ 女儿 nǚ'ér |

| B：十二生肖 shí'èrshēngxiào |
| :--- |

| ① 鼠 shǔ | 1996 年 yījiǔjiǔliù nián |
| ② 牛 niú | 1997 年 yījiǔjiǔqī nián |
| ③ 虎 hǔ | 1998 年 yījiǔjiǔbā nián |
| ④ 兔 tù | 1999 年 yījiǔjiǔjiǔ nián |
| ⑤ 龙 lóng | 2000 年 èrlínglínglíng nián |
| ⑥ 蛇 shé | 2001 年 èrlínglíngyī nián |
| ⑦ 马 mǎ | 2002 年 èrlíng líng'èr nián |
| ⑧ 羊 yáng | 2003 年 èrlíng língsān nián |
| ⑨ 猴 hóu | 2004 年 èrlíng língsì nián |
| ⑩ 鸡 jī | 2005 年 èrlíng língwǔ nián |
| ⑪ 狗 gǒu | 2006 年 èrlíng língliù nián |
| ⑫ 猪 zhū | 2007 年 èrlíng língqī nián |

| B：名词＋号码 hàomǎ 番号 |
| :--- |

① 手机 shǒujī 携帯電話  
② 智能手机 zhìnéngshǒujī スマートフォン  
③ 电话 diànhuà 電話  
④ 传真 chuánzhēn FAX  
⑤ 房间 fángjiān 部屋  
⑥ 护照 hùzhào パスポート  
⑦ 学生证 xuéshēngzhèng 学生証  
⑧ 身份证 shēnfènzhèng 身分証

# 第 7 课 | 你的 生日 是 几月 几号？
**Dì qī kè　Nǐde　shēngrì　shì　jǐyuè　jǐhào?**

**会话 huìhuà**  152

于姗：你的 生日 是 几月 几号？
Yúshān:　Nǐde shēngrì shì jǐyuè　jǐhào?

大西：十月 八号。你 的 呢？
Dàxī:　Shíyuè bāhào.　Nǐ de ne?

于姗：我的 生日 七月 九号。
Yúshān:　Wǒde shēngrì qīyuè　jiǔhào.

大西：今天 几号？
Dàxī:　Jīntiān jǐhào?

于姗：七月 七号。
Yúshān:　Qīyuè　qīhào.

大西：那 后天 就是 你的 生日啊！
Dàxī:　Nà hòutiān jiùshì　nǐde　shēngrìa!

于姗：对呀！
Yúshān:　Duìya!

大西：今天 星期几？
Dàxī:　Jīntiān xīngqījǐ?

于姗：星期五。
Yúshān:　Xīngqīwǔ.

大西：那 你的 生日 正好 星期天。
Dàxī:　Nà nǐde　shēngrì zhènghǎo xīngqītiān.

　　　咱们 一起 吃 饺子，好不好？
　　　Zánmen yìqǐ　chī jiǎozi,　hǎobuhǎo?

于姗：太好了！ 一言为定！
Yúshān:　Tàihǎole!　Yìyánwéidìng!

**生词 shēngcí**  153

**时间词 shíjiāncí**
① 几月几号 jǐyuè jǐhào 何月何日
② 十月八号 shíyuè bāhào 十月八日
③ 七月九号 qīyuè jiǔhào 七月九日
④ 今天 jīntiān 今日
⑤ 后天 hòutiān 明後日
⑥ 星期几 xīngqījǐ 何曜日
⑦ 星期五 xīngqīwǔ 金曜日
⑧ 星期天 xīngqītiān 日曜日

**生词 shēngcí**
① 生日 shēngrì 名 誕生日
② 就 jiù 副 肯定の語気を強調する
③ 了 le 助 変化・新事態の発生を表す
④ 啊 a 叹 感嘆詞
⑤ 对呀！ Duìya! そうなんですよ！
⑥ 正好 zhènghǎo 副 ちょうど
⑦ 咱们 zánmen 代 私たち, 僕ら
⑧ 一起 yìqǐ 副 一緒に
⑨ 吃 chī 动 食べる
⑩ 饺子 jiǎozi 名 餃子
⑪ 好不好？ Hǎobuhǎo いいですか？
⑫ 太好了！ Tàihǎole! いいですね！
⑬ 一言为定！ yìyánwéidìng! お約束ですね！

62

《语法》 yǔfǎ

**一、時間詞：**

**1）年月日と曜日の言い方：**

**1-1）西暦何年というときは数字を棒読みする。**

| 一九九九年 | 二〇〇〇年 | 二〇〇八年 | 二〇一二年 | 二〇二六年 |
|---|---|---|---|---|
| yījiǔjiǔjiǔ nián | èrlínglínglíng nián | èrlínglíngbā nián | èrlíngyī'èr nián | èrlíng'èrliù nián |

**1-2）月の言い方は日本語と同じである。**

| 一月 | 二月 | 三月 | 四月 | 五月 | 六月 | 七月 | 八月 | 九月 | 十月 | 十一月 | 十二月 |
|---|---|---|---|---|---|---|---|---|---|---|---|
| yīyuè | èryuè | sānyuè | sìyuè | wǔyuè | liùyuè | qīyuè | bāyuè | jiǔyuè | shíyuè | shíyīyuè | shí'èryuè |

**1-3）日は"一、二、三……"に話し言葉では"号"を、書き言葉では"日"を加える。**

| 一号 | 二号 | 三号…… | 十号…… | 十四号…… | 二十号…… | 二十六号…… | 三十号 | 三十一号 |
|---|---|---|---|---|---|---|---|---|
| yīhào | èrhào | sānhào | shíhào | shísìhào | èrshihào | èrshiliùhào | sānshihào | sānshiyīhào |

| 一日 | 二日 | 三日…… | 十日…… | 十四日…… | 二十日…… | 二十六日…… | 三十日 | 三十一日 |
|---|---|---|---|---|---|---|---|---|
| yīrì | èrrì | sānrì | shírì | shísìrì | èrshirì | èrshiliùrì | sānshirì | sānshiyīrì |

**1-4）曜日は"星期 xīngqī"または"礼拜 lǐbài"の後ろに"一、二、三……"を加える。**

| （月） | （火） | （水） | （木） | （金） | （土） | （日） | （日） |
|---|---|---|---|---|---|---|---|
| 星期一 | 星期二 | 星期三 | 星期四 | 星期五 | 星期六 | 星期日 | （星期天） |
| xīngqīyī | xīngqī'èr | xīngqīsān | xīngqīsì | xīngqīwǔ | xīngqīliù | xīngqīrì | xīngqītiān |
| 礼拜一 | 礼拜二 | 礼拜三 | 礼拜四 | 礼拜五 | 礼拜六 | 礼拜日 | （礼拜天） |
| lǐbàiyī | lǐbài'èr | lǐbàisān | lǐbàisì | lǐbàiwǔ | lǐbàiliù | lǐbàirì | lǐbàitiān |

**1-5）年月日と曜日の聞き方：**

年の聞き方：① 你 一九八几年 生的?　　② 她 哪一年 生的?　　③ 今年是 二〇几几年?

月の聞き方：① 你是 几月 来的?　　② 现在 几月?　　③ 你的生日是 几月?

日の聞き方：① 你的生日是 几号?　　② 今天 几号?　　③ 明天 几号?

曜日の聞き方：① 昨天 星期几?　　② 今天 星期几?　　③ 明天 礼拜几?

　　　　　　① 你 哪年哪月几号 生的?　　② 今天 二〇几几年 几月几号 星期几?

2) 去年・今年・来年（過去から未来へ時間の流れを追うと次のようになる。）

| | 過　去 | | | 現　在 | 未　来 | | |
|---|---|---|---|---|---|---|---|
| 年 | 大前年<br>dàqiánnián<br>一昨年 | 前年<br>qiánnián<br>去年 | 去年<br>qùnián<br>去年 | 今年<br>jīnnián<br>今年 | 明年<br>míngnián<br>来年 | 后年<br>hòunián<br>再来年 | 大后年<br>dàhòunián |
| 月 | | 上上个月<br>shàngshàngge yuè<br>先々月 | 上个月<br>shàngge yuè<br>先月 | 这个月<br>zhège yuè<br>今月 | 下个月<br>xiàge yuè<br>来月 | 下下个月<br>xiàxiàge yuè<br>再来月 | |
| 週 | | 上上个星期<br>shàngshàng<br>ge xīngqī<br>先々週 | 上个星期<br>shàngge<br>xīngqī<br>先週 | 这个星期<br>zhège<br>xīngqī<br>今週 | 下个星期<br>xiàge<br>xīngqī<br>来週 | 下下个星期<br>xiàxiàge<br>xīngqī<br>再来週 | |
| 日 | 大前天<br>dàqiántiān<br>一昨々日 | 前天<br>qiántiān<br>一昨日 | 昨天<br>zuótiān<br>昨日 | 今天<br>jīntiān<br>今日 | 明天<br>míngtiān<br>明日 | 后天<br>hòutiān<br>明後日 | 大后天<br>dàhòutiān<br>明々後日 |

## 二、基本構文（3）： 名詞述語文

　　名詞述語文は名詞性語句が述語である主述文を指す。例えば、「今日は何月何日です」と言うとき、動詞"是"を使うと動詞述語文になるが、"是"を省略すれば、名詞述語文となる。

1) 動詞述語文　──➤　（"是"を省略すれば）　　　　　名詞述語文

| A ＋是＋B | 肯定文

今天 是　五月六号。

明天 是　星期六。

肯定文 | A ＋ B |

今天　五月六号。

明天　星期六。

2) 名詞述語文　──➤　（否定の場合、"是"を省略できない）　動詞述語文

| A ＋ B ＋吗? | 疑問文

今天　五月六号吗？

明天　星期六吗？

否定文 | A ＋不是＋B |

今天 不是　五月六号。

明天 不是　星期六。

3) 動詞述語文　──➤　（強調の場合、"是"を省略できない）　動詞述語文（強調）

| A ＋不是＋B ＋吗? | 反問文

今天 不是　星期三 吗?

| A ＋是不是＋B? | 反復疑問文

明天 是不是　星期四?

肯定文 | A ＋是＋B |

今天 是　星期三。

明天 是　星期四。

★《替换练习 tìhuàn liànxí》

適当な単語を□に入れて、会話を練習しなさい。

### 1)"年"の言い方の練習

例1：

A：你 │C 哥哥│ 是 哪年 生的?

B：我 │C 哥哥│ 是 │二〇〇三年│ 生的。

例2：

A：│B 明年│ 是 二〇几几年?

B：│B 明年│ 是 二〇二四年。

### 2)"月日"の言い方の練習

例3：

A：│B 今天│ 几月 几号?

B：│B 今天│ 六月 八号。

A：│B 明天│ 呢?

B：│B 明天│ 六月 九号。

例4：

A：你 │C 爸爸│ 的 生日 几月 几号?

B：我 │C 爸爸│ 的 生日 八月 八号。

A：那 你 │C 妈妈│ 的 呢?

B：我 │C 妈妈│ 的 是 九月 九号。

### 3)"星期"の言い方の練習

例5：

A：│B 今天│ 星期几?

B：│B 今天│ │A 星期三│。

A：那 │B 明天│ 呢?

B：│B 明天│ │A 星期四│。

例6：

A：│A 七月 八号│ 是 星期五 吗?

B：│A 七月 八号│ 不是 │A 星期五│，是 │A 星期六│。

---

《补充生词 bǔchōng shēngcí》

│A│：时间词 shíjiāncí

① 星期一 xīngqīyī ① 一月 yīyuè

② 星期二 xīngqī'èr ② 二月 èryuè

③ 星期三 xīngqīsān ③ 三月 sānyuè

④ 星期四 xīngqīsì ④ 四月 sìyuè

⑤ 星期五 xīngqīwǔ ⑤ 五月 wǔyuè

⑥ 星期六 xīngqīliù ⑥ 六月 liùyuè

⑦ 星期日 xīngqīrì ⑦ 七月 qīyuè

⑧ 星期天 xīngqītiān ⑧ 八月 bāyuè

⑨ 星期几 xīngqījǐ ⑨ 九月 jiǔyuè

⑩ 哪年 nǎnián ⑩ 十月 shíyuè

⑪ 几月 jǐyuè ⑪ 十一月 shíyīyuè

⑫ 几号 jǐhào ⑫ 十二月 shí'èryuè

│B│：时间词 shíjiāncí

① 今天 jīntiān ① 今年 jīnnián

② 明天 míngtiān ② 明年 míngnián

③ 后天 hòutiān ③ 后年 hòunián

④ 大后天 dàhòutiān ④ 大后年 dàhòunián

⑤ 昨天 zuótiān ⑤ 去年 qùnián

⑥ 前天 qiántiān ⑥ 前年 qiánnián

⑦ 大前天 dàqiántiān ⑦ 大前年 dàqiánnián

│C│：家人 jiārén

① 爸爸 bàba ① 妈妈 māma

② 哥哥 gēge ② 姐姐 jiějie

③ 弟弟 dìdi ③ 妹妹 mèimei

④ 爷爷 yéye ④ 奶奶 nǎinai

**会话** huìhuà  🔊 154

于姗: 你 家 有 电脑 吗?
Yúshān: Nǐ jiā yǒu diànnǎo ma?

大西: 有, 我 弟弟 房间里 有 一 台。
Dàxī: Yǒu, wǒ dìdi fángjiānli yǒu yì tái.

于姗: 我 用 一下, 可以 吗?
Yúshān: Wǒ yòng yíxia, kěyǐ ma?

大西: 可以。电脑 在 他 桌子 上。
Dàxī: Kěyǐ. Diànnǎo zài tā zhuōzi shang.

于姗: 这 就是 你 弟弟 的 房间 呀!
Yúshān: Zhè jiùshì nǐ dìdi de fángjiān ya!

门上 贴着 熊猫,
Ménshang tiēzhe xióngmāo,

墙上 挂着 熊猫,
qiángshang guàzhe xióngmāo,

连 地上 都 画着 熊猫。
lián dìshang dōu huàzhe xióngmāo.

大西: 这 些 都 是 我 弟弟 的 杰作。
Dàxī: Zhè xiē dōu shì wǒ dìdi de jiézuò.

他 是 熊猫迷。
Tā shì xióngmāomí.

小心! 不要 踩到 他 的 熊猫!
Xiǎoxīn! Búyào cǎidào tā de xióngmāo!

**生词** shēngcí  🔊 155

① 电脑 diànnǎo 名 パソコン
② 房间 fángjiān 名 部屋
③ 里 li 方 中
④ 台 tái 量 台
⑤ 在 zài 动 ある, いる
⑥ 动+一下 ちょっと〜する
⑦ 可以吗? よろしいですか。
⑧ 可以 いいですよ
⑨ 桌子上 zhuōzishang 名 机に
⑩ 呀 ya 语助 感嘆・驚きを表す
⑪ 门上 ménshang 名 ドアに
⑫ 墙上 qiángshang 名 壁に
⑬ 地上 dìshang 名 床に, 地面に
⑭ 名+上 名+に(場所を表す)
⑮ 贴着 tiēzhe 动 貼ってある
⑯ 挂着 guàzhe 动 掛かっている
⑰ 画着 huàzhe 动 描いてある
⑱ 动+着 zhe 助 〜てある, 〜ている
⑲ 熊猫 xióngmāo 名 パンダ
⑳ 连〜都 lián~dōu 〜さえ, 〜まで, 〜すら
㉑ 杰作 jiézuò 名 傑作, 作品
㉒ 〜迷 mí 尾 〜ファン, マニア
㉓ 小心! Xiǎoxīn! 気をつけて!
㉔ 不要 búyào 副 〜するな(禁止を表す)
㉕ 踩到 cǎidào 动 (〜まで)踏む

## 一、"有"構文と"在"構文：

### 1)"有"構文（1）：所有を表す。

疑問文 | 人＋有＋物/人＋吗?     否定文 | 人＋没有＋物/人     肯定文 | 人＋有＋物/人

問： 你 有 妹妹 吗?     答： 我 没有 妹妹。     我 有 弟弟。

問： 你 有 日汉辞典 吗?     答： 我 没有 日汉辞典。     我 有 汉日辞典。
RìHàncídiǎn                                                     HànRìcídiǎn

### 2)"有"構文（2）：存在を表す。（ある場所に何が存在するかを述べる言い方）

疑問文 | 場所＋有＋物/人＋吗?     否定文 | 場所＋没有＋物/人     肯定文 | 場所＋有＋物/人

問：你房间 有 电视 吗?     答：我房间 没有 电视。     我房间 有 电脑。

問：教室里 有 学生 吗?     答：教室里 没有 学生。     教室里 有 老师。
jiàoshì                                                        lǎoshī

### 3)"在"構文：所在の意味を表す。（ 物/人 の所在場所を述べる言い方）

疑問文 | 物/人＋在＋場所＋吗?     否定文 | 物/人＋不在＋場所     肯定文 | 物/人＋在＋場所

問： 老师 在 家 吗?     答： 老师 不在 家。     老师 在 学校。

問： 电脑 在 你房间 吗?     答： 电脑 不在 我房间。     电脑 在 弟弟房间。

### 4)"有"構文（2）と"在"構文の相違：

① 構文的相違："有"構文の語順： 場所＋ 有＋物/人    場所 が主題

  （語順が違う）"在"構文の語順： 物/人＋在＋場所    物/人 が主題

② 意味的相違："有"構文の 物/人 は不特定のもの（未知なもの、新情報）

                "在"構文の 物/人 は特定のもの（既知なもの、旧情報）

## 二、"着"存在文：残存文ともいう。動作・作用の結果の残存を表す。（〜てある）

疑問文                       否定文                      肯定文

場所＋动＋着＋物＋吗?     場所＋没＋动＋着＋物     場所＋动＋着＋物

問：书上 写着 你的名字吗?    答：书上 没写着 我的名字。    书上 写着 他的名字。

問：墙上 挂着 地图 吗?      答：墙上 没挂着 地图。      墙上 挂着 一幅画。
Qiángshang      dìtú                           guà                           yìfúhuà

疑問詞疑問文                      肯定文

場所 ＋ 动＋着＋疑問詞?     場所 ＋ 动＋着＋（数量詞）＋物

問： 门上 写着 谁的 名字?    答： 门上 写着          弟弟的名字。

問：椅子下 放着 什么?     答：椅子下 放着    一个    书包。
Yǐzixià

三、禁止の表現：1) "请不要" 〜（丁寧）＝ 2) "不要" 〜（普通）＝ 3) "别" 〜（丁寧度落ちる）

構文　主語(2人称)＋不要＋動詞＋（目的語）

1) 请　　　　　不要　抽　烟!　丁
2) 　　你　　　不要　喝　酒!　寧
3) 　　　　　　不要　哭!　　　度
4) 　　　　　　别　　去!　　　落
　　　　　　　　　　　　　　　　ち
　　　　　　　　　　　　　　　　る

生词 shēngcí　别 bié ＝不要
① 请 qǐng 〜して下さい
② 抽烟 chōuyān タバコを吸う
③ 喝酒 hējiǔ お酒を飲む
④ 哭 kū 泣く

《练习1 liànxíyī》 (　　) 内に "有" か "在" 或いは "没有" か "不在" を入れて会話しなさい。

　　　　　shǒujī
1) 問：我的手机 (　　) 哪儿?　　答：你的手机 (　　) 你的书包里。
　　　　　　　　shūbāolǐ

　　　　　Dōngjīng
2) 問：你家 (　　) 东京吗?　　答：我家 (　　) 东京, (　　) 大阪。
　　　　　　　　　　　　　　　　　　　　　　　　　　　　　　　Dàbǎn

　　　Zhuōzi　　diànshì
3) 問：桌子上 (　　) 电视吗?　　答：桌子上 (　　) 电视, (　　) 电脑。
　　　　　　　　　　　　　　　　　　　　　　　　　　　　　　　diànnǎo

　　　　　jiālǐ
4) 問：你家里 (　　) 几口人?　　答：我家里 (　　) 五口人。

5) 問：你爸爸 (　　) 家吗?　　答：我爸爸 (　　) 家, 他 (　　) 学校。
　　　　　　　　　　　　　　　　　　　　　　　　　　　　　　　xuéxiào

　　　qiánbāo　　Měiyuán
6) 問：你钱包里 (　　) 美元吗?　　答：我钱包里 (　　) 美元, (　　) 日元。
　　　　　　　　　　　　　　　　　　　　　　　　　　　　　　　Rìyuán

　　　shàngwǔ
7) 問：明天上午你 (　　) 家吗?　　答：我上午 (　　) 家, 下午 (　　) 家。
　　　　　　　　　　　　　　　　　　　　　　　　　　xiàwǔ

《练习2 liànxí'èr》 次の問に答えなさい。("着" 存在文の練習)

　　Hēibǎn　xiě
1) 黑板上 写着 什么?　訳文：＿＿＿＿＿＿＿＿＿＿＿＿

　　Zhuōzi　fàng
2) 桌子上 放着 什么?　訳文：＿＿＿＿＿＿＿＿＿＿＿＿

　　Mén　tiē
3) 门上 贴着 什么?　　訳文：＿＿＿＿＿＿＿＿＿＿＿＿

　　Dì　huà
4) 地上 画着 什么?　　訳文：＿＿＿＿＿＿＿＿＿＿＿＿

　　Qiáng　guà
5) 墙上 挂着 什么?　　訳文：＿＿＿＿＿＿＿＿＿＿＿＿

A：名词＋上 ＝（場所）
① 黑板上 hēibǎnshang 黑板に

B：动词＋着　C：东西 dōngxi 物
① 写 xiě 書く　　① 我的名字
② 放 fàng 置く　② 电脑 diànnǎo
③ 贴 tiē 貼る　　③ 画儿 huàr 絵
④ 画 huà 描く　④ 小猫 xiǎomāo
⑤ 挂 guà 掛ける　⑤ 地图 dìtú 地図

★ 《替换练习 tìhuàn liànxí》

適当な単語を ☐ に入れて、会話を練習しなさい。

1) "有" 構文 (1) の練習 (所有を表す)

例1：

A：你 有 ☐A 妹妹 吗?

B：我没有 ☐A 妹妹， 我有 ☐A 弟弟。

例2：

A：☐A 你妈妈 有 手机 吗?

B：☐A 我妈妈 没有 手机， ☐A 我爸爸 有 手机。

2) "有" 構文 (2) の練習 (存在を表す)

例3：

A：☐这儿 有 ☐C+E 法国 地图 吗?

B：没有， ☐这儿 有 ☐C+E 德国 地图。

例4：

A：☐D 桌子 上 有 ☐E 杂志 吗?

B：☐D 桌子 上 没有 ☐E 杂志， 有 ☐E 漫画。

3) "在" 構文の練習 (所在の意味を表す)

例5：

A：☐C+E 英语 小说 在 ☐D 桌子 上 吗?

B：不在 ☐D 桌子 上， 在 ☐D 沙发 上。

例6：

A：☐A 你妈妈 在 ☐B 书房 吗?
　　　　　　　　　　shūfáng

B：☐A 我妈妈 不在 ☐B 书房， 在 ☐B 厨房。
　　　　　　　　　　　　　　　　chúfáng

4) "在" 構文と "方位词" の練習

例7：

A：☐B 厕所 在哪儿?

B：在 ☐B 浴室 ☐F 左边。

例8：

A：☐C 法国 在 ☐C 德国 ☐F 东边 吗?

B：不， ☐C 法国 在 ☐C 德国 ☐F 西边。

《补充生词 bǔchōng shēngcí》

| ☐A：家人 jiārén | ☐B：房间 fángjiān |
|---|---|
| ① 哥哥 gēge | ① 书房 shūfáng |
| ② 姐姐 jiějie | ② 寝室 qǐnshì |
| ③ 弟弟 dìdi | ③ 客厅 kètīng |
| ④ 妹妹 mèimei | ④ 厨房 chúfáng |
| ⑤ 爸爸 bàba | ⑤ 浴室 yùshì |
| ⑥ 妈妈 māma | ⑥ 厕所 cèsuǒ |

| ☐C：国名 guómíng | ☐C：语言 yǔyán |
|---|---|
| ① 英国 Yīngguó | 英语 Yīngyǔ |
| ② 法国 Fǎguó | 法语 Fǎyǔ |
| ③ 德国 Déguó | 德语 Déyǔ |
| ④ 日本 Rìběn | 日语 Rìyǔ |
| ⑤ 中国 Zhōngguó | 汉语 Hànyǔ |
| ⑥ 俄国 Éguó | 俄语 Éyǔ |

| ☐D：家具 jiājù | ☐E：东西 dōngxi 物 |
|---|---|
| ① 桌子 zhuōzi | ① 辞典 cídiǎn |
| ② 椅子 yǐzi | ② 地图 dìtú |
| ③ 沙发 shāfā | ③ 小说 xiǎoshuō |
| ④ 茶几 chájī | ④ 报纸 bàozhǐ |
| ⑤ 书架 shūjià | ⑤ 杂志 zázhì |
| ⑥ 抽屉 chōuti | ⑥ 漫画 mànhuà |

| ☐F：方位词 fāngwèicí | |
|---|---|
| ① 上边 shàngbian | ⑧ 下边 xiàbian |
| ② 前边 qiánbian | ⑨ 后边 hòubian |
| ③ 里边 lǐbian | ⑩ 外边 wàibian |
| ④ 左边 zuǒbian | ⑪ 右边 yòubian |
| ⑤ 旁边 pángbian | ⑫ 中间 zhōngjiān |
| ⑥ 东边 dōngbian | ⑬ 西边 xībian |
| ⑦ 南边 nánbian | ⑭ 北边 běibian |

## 会话 huìhuà 🔊 156

于姗 : 你弟弟 高，还是 你 高?
Yúshān: Nǐdìdi gāo, háishì nǐ gāo?

大西 : 他 跟 我 一样 高。
Dàxī: Tā gēn wǒ yíyàng gāo.

于姗 : 你 和 你 哥哥，谁 高?
Yúshān: Nǐ hé nǐ gēge, shéi gāo?

大西 : 我 哥哥 比 我 高。
Dàxī: Wǒ gēge bǐ wǒ gāo.

于姗 : 那 你弟弟 没有 哥哥 高，对不对?
Yúshān: Nà nǐdìdi méiyǒu gēge gāo, duìbuduì?

大西 : 他 现在 没 哥哥 高，不过 以后
Dàxī: Tā xiànzài méi gēge gāo, búguò yǐhòu

　　　 肯定 会 比 哥哥 高的。
　　　 kěndìng huì bǐ gēge gāode.

于姗 : 何以见得?
Yúshān: Héyǐjiàndé?

大西 : 我弟弟 看起来 身体 瘦弱，可是
Dàxī: Wǒdìdi kànqǐlái shēntǐ shòuruò, kěshì

　　　 他 腿 特别 长。再说，他 还小，
　　　 tā tuǐ tèbié cháng. Zàishuō, tā háixiǎo,

　　　 还在 长 身体 呢。
　　　 háizài zhǎng shēntǐ ne.

于姗 : 哦，你 说的 有道理。
Yúshān: Ò, nǐ shuōde yǒudàolǐ.

## 生词 shēngcí 🔊 157

① 高 gāo 形 高い, 背が高い
② 跟～一样 gēn~yíyàng ～と同じだ
③ 和 hé 介 と(＝跟 介)
④ 比 bǐ 介 より
⑤ 没有～ méiyǒu~ 副 ～ほどない
⑥ 对不对? duìbuduì? ですよね?
⑦ 不过 búguò 连 でも, しかし, ただし
⑧ 肯定 kěndìng 副 きっと, 必ず
⑨ 会～的 huì~de ～だろう(推量)
⑩ 何以见得? héyǐjiàndé?
　　　　　 どうして分かるの?
⑪ 看起来 kànqǐlái ～見える
⑫ 身体 shēntǐ 名 体
⑬ 瘦弱 shòuruò 形 弱々しい
⑭ 可是 kěshì 接 しかし, けれども
⑮ 腿 tuǐ 名 足
⑯ 特别 tèbié 副 格別に
⑰ 长 cháng 形 長い
⑱ 再说 zàishuō 连 そして, その上
⑲ 还 hái 副 まだ
⑳ 小 xiǎo 形 小さい, 若い
㉑ 在～呢 zài~ne
　　　　　 ～している(進行中の意味を表す)
㉒ 长 zhǎng 动 (体が)成長する
㉓ 哦 ò 感 なるほど, そうか
㉔ 有道理 yǒudàolǐ 組 道理がある,
　　　　　 筋が通っている

**一、比較文：**　　　　比較文には、AとBを比べてみて①「AとBは同じだ」、②「AとBは大体同じ程度だ」、③「AとBには差がある」という３つの言い方がある。

### 1) A 跟 B 一样 （「AとBは同じ」）:

| A | | 跟 + B + 一样 |
|---|---|---|

① 問：我是 大学生，你呢?　　　　答：我　　　跟　　你　　一样
② 問：你爸爸大，还是 你妈妈大?　答：我爸爸　跟　　我妈妈　一样。

#### 1-1)「AもBと同じように〜」:

| A | | 跟 + B + 一样, + 也〜 |
|---|---|---|

① 問：我是 学生，你呢?　　　　答：我　　　跟　　你　　一样，　　也是 学生。
② 問：她 今年十八岁，你呢?　　答：我　　　跟　　她　　一样，　　也 十八岁。

#### 1-2)「AはBと同じように〜」:

| A | | 跟 + B + 一样, + 形容词 |
|---|---|---|

① 問：你 跟你弟弟，谁高?　　　答：我　　　跟　　我弟弟　一样　　高。
② 問：这个房间大，还是那个房间大?　答：这个房间 跟　那个房间 一样　　　大。

#### 1-3) 否定：「AとBは同じでない」:

| A | | 跟 + B + 不一样 |
|---|---|---|

① 問：这本书 跟那本书 一样吗?　答：这本书　跟　　那本书　　不一样。
② 問：这个跟那个有什么不一样?　答：这个　　跟　　那个 价钱 不一样。
　　　　　　　　　　　　　　　　　　　　　　　　　　　jiàqián

### 2) A 有 B 这么／那么 （「AはBとほぼ同じ」）:

| A | | 有 + B + (这么／那么) 形容词 |
|---|---|---|

① 問：你弟弟 有 多高?　　　　答：他　　　有　　你　　这么　　高。
② 問：香港 有多大?　　　　　　答：差不多　　有　东京　一半儿 那么 大。
　　　Xiānggǎng　　　　　　　　　Chàbuduō　　　Dōngjīng yíbànr

#### 2-1) 否定：「AはBほど〜ない」:

| A | | 没有 + B + (这么／那么) 形容词 |
|---|---|---|

① 問：你妹妹 有我 高吗?　　　答：她　　　没有　你　　这么　　　高。
② 問：上海 有没有 北京 大?　答：上海　　没有　北京　　　　　　大。

**生词**　① 价钱 jiàqián 値段　② 这么 zhème こんなに　③ 那么 nàme それほど　④ 香港 Xiānggǎng 香港
　　　　⑤ 差不多 chàbuduō 大体　⑥ 一半儿 yíbànr 半分　⑦ 飞机 fēijī 飛行機
　　　　⑧ 火车 huǒchē 汽車　⑨ 快 kuài 速い　⑩ 还 hái なお
　　　　⑪ 更 gèng 更に　⑫ 骑马 qímǎ 馬に乗る　⑬ 开车 kāichē 運転する

3) A 比 B ～ （「AはBより～」）:

| A | 比 + B + 形容词 |
|---|---|

① 問：你妈妈 大, 还是 你爸爸 大?　　答：我妈妈　比　我爸爸　大。
② 問：飞机 快, 还是 火车 快?　　答：飞机　比　火车　快。

3-1) 「AはBより～+数量詞」:

| A | 比 + B + 形容词 + 数量 |
|---|---|

① 問：你妈妈 比你爸爸 大几岁?　　答：我妈妈　比　我爸爸　大　三岁。
② 問：飞机比 火车 快几个小时?　　答：飞机　比　火车　快　三个小时。

3-2) 「AはBより (もっと／さらに) +～」:

| A | 比 + B + (还／更) 形容词 |
|---|---|

① 問：今天 热, 还是 昨天 热?　　答：今天　比　昨天　还　热。
② 問：你哥哥帅, 还是 你弟弟帅?　　答：我哥哥　比　我弟弟　更　帅。

3-3) 否定：「AはBより～ない」:

| A | 不比 + B + 形容词 |
|---|---|

① 問：你弟弟 比你 矮多少?　　答：我弟弟　不比　我　矮。
② 問：骑马 快, 还是 开车 快?　　答：骑马　不比　开车　快。

## 二、基本構文（4）: 主述述語文

主述フレーズ（主語(小)＋述語(小)）が 述語(大) になっている文を「主述述語文」という。

| 主語(大) | 述　語(大) |
|---|---|
|  | 主語(小) + 述語(小) |

① 象　　鼻子　　长。（象は鼻が長い。）
② 我弟弟　腿　　特別 长。
③ 你哥哥　个子　真 高!
④ 我妹妹　视力　1.5(yìdiǎnr wǔ)。
⑤ 他姐姐　身高　1 米 68(yìmǐliùbā)。
⑥ 我爸爸　体重　60 公斤。
⑦ 他　胸围　98 公分。
⑧ 我　腰围　75 公分。

名词 míngcí
① 象 xiàng 象　　② 鼻子 bízi 鼻
③ 个子 gèzi 身長　④ 视力 shìlì 视力
⑤ 身高 shēngāo 身長
⑥ 体重 tǐzhòng 体重
⑦ 胸围 xiōngwéi 胸囲、バスト
⑧ 腰围 yāowéi 胴回り、ウエストサイズ

イ：量词 liàngcí （度量衡 dùliánghéng）
① 米 mǐ メートル
② 公斤 gōngjīn キログラム
③ 公分 gōngfēn センチメートル
④ 厘米 límǐ センチメートル （＝公分）

★ 《替换练习 tìhuàn liànxí》

適当な単語を□に入れて、会話を練習しなさい。

### 1)「AとBは同じだ」(「AもBと同じように～」)

例1:

A：我 A1 (身高) 1 米 78 ，你 呢?
　　　shēngāo　yìmǐqībā

B：我 跟 你 一样。

例2:

A：我姐姐 20 岁，你 呢?

B：我 跟 你姐姐 一样大，也是 20 岁。

### 2)「AはBとほぼ同じ」と否定 (「AはBほど～ない」)

例3:

A：你弟弟 有 多 B 高?

B：我弟弟 有 你 这么 B 高。

例4:

A：我 A1 (体重) 70 公斤，你 呢?
　　　tǐzhòng qīshígōngjīn

B：我 没有 你 那么 B 重。

### 3)「AはBより～」:

例5:

A：这两个 A2 手机，哪个 B 好用?

B：B 小的 比 B 大的 B 好用。

例6:

A：C 骑马 B 快，还是 C 骑车 B 快?

B：C 骑马 比 C 骑车 更 B 快。

例7:

A：我 A1 视力 1.5 ，你 呢?
　　　shìlì yìdiǎnrwǔ

B：我 A1 视力 比 你 还 B 好，我 2.0。
　　　　　　　　　　　　　　　èrdiǎnrlíng

例8:

A：这两个 A2 书包，哪个 B 贵?

B：B 红的 比 B 黑的 B 贵 一百块。
　　　　　　　　　　　　　　yìbǎikuài

例9:

A：你爸爸 B 重，还是 你 B 重?
　　　　　zhòng

B：我爸爸 比 我 B 重 8 公斤。
　　　　　　　　　　　　bā gōngjīn

---

《补充生词 bǔchōng shēngcí》

| A1：名词 | A2：名词 |
|---|---|
| ① 身高 shēngāo | ① 手机 shǒujī |
| ② 体重 tǐzhòng | ② 电脑 diànnǎo |
| ③ 视力 shìlì | ③ 电视 diànshì |
| ④ 腰围 yāowéi | ④ 钱包 qiánbāo |
| ⑤ 胸围 xiōngwéi | ⑤ 书包 shūbāo |

| B：形容词 | B：反义词 héfǎnyìcí |
|---|---|
| ① 大 dà 大きい | ① 小 xiǎo 小さい |
| ② 高 gāo 高い | ② 矮 ǎi 低い |
| ③ 红 hóng 赤い | ③ 黑 hēi 黒い |
| ④ 长 cháng 長い | ④ 短 duǎn 短い |
| ⑤ 宽 kuān 広い | ⑤ 窄 zhǎi 狭い |
| ⑥ 粗 cū 太い | ⑥ 细 xì 細い |
| ⑦ 轻 qīng 軽い | ⑦ 重 zhòng 重い |
| ⑧ 好 hǎo よい | ⑧ 坏 huài 悪い |
| ⑨ 胖 pàng 太っている | ⑨ 瘦 shòu 痩せている |
| ⑩ 快 kuài 速い | ⑩ 慢 màn 遅い |
| ⑪ 贵 guì 高い | ⑪ 便宜 piányi 安い |

| B：好+动词 | B：难+动词 |
|---|---|
| ① 好吃 hǎochī | ① 难吃 nánchī |
| ② 好看 hǎokàn | ② 难看 nánkàn |
| ③ 好闻 hǎowén | ③ 难闻 nánwén |
| ④ 好用 hǎoyòng | ④ 难用 nányòng |

| C：动宾词组 | |
|---|---|
| ① 骑马 qímǎ | ④ 坐电车 zuòdiànchē |
| ② 骑车 qíchē | ⑤ 开飞机 kāifēijī |
| ③ 坐飞机 zuòfēijī | ⑥ 开车 kāichē |

人民币 Rénmínbì

話し言葉：① 块 kuài　　③ 分 fēn
　　　　　② 毛 máo

書き言葉：① 元 yuán　　③ 分 fēn
　　　　　② 角 jiǎo

注：15～19日元 (Rìyuán) = 1元 = 10角 = 100分

## 会话 huìhuà 🔊 158

于姗：你 去 哪儿 了?
Yúshān: Nǐ qù nǎr le?

大西：我 去 商店 买 东西 了。
Dàxī: Wǒ qù shāngdiàn mǎi dōngxi le.

于姗：你 都 买 什么 了?
Yúshān: Nǐ dōu mǎi shénme le?

大西：我 买了 一本 中日 辞典。
Dàxī: Wǒ mǎile yìběn ZhōngRì cídiǎn.

于姗：还 买 什么 了?
Yúshān: Hái mǎi shénme le?

大西：还 给 我 爸爸 买了 一双 皮鞋、
Dàxī: Hái gěi wǒ bàba mǎile yìshuāng píxié、

一件 毛衣 和 一枝 钢笔。
yíjiàn máoyī hé yìzhī gāngbǐ.

于姗：这个 是 什么?
Yúshān: Zhège shì shénme?

大西：对 了! 还 买了 一个 电子 辞典。
Dàxī: Duì le! Hái mǎile yíge diànzǐ cídiǎn.

于姗：你 不是 买了 中日 辞典 了 吗?
Yúshān: Nǐ búshì mǎile ZhōngRì cídiǎn le ma?

大西：这是 给 你 买的 生日 礼物。
Dàxī: Zhèshì gěi nǐ mǎide shēngrì lǐwù.

于姗：真的? 太 谢谢 你 了!
Yúshān: Zhēnde? Tài xièxie nǐ le!

## 生词 shēngcí 🔊 159

### 量词 liàngcí

① 个 ge 個　② 本 běn 冊
③ 件 jiàn 枚　④ 枝 zhī 本
⑤ 双 shuāng 足, (2つで一組の物を数える)組

### 生词 shēngcí

① 去 qù 動 行く
② 了 le 助 ①文末に用い, 変化・新事態の発生を示す。②文中の動詞の後に置き, 動作や状態の実現・完了を示す。
③ 商店 shāngdiàn 名 商店
④ 买东西 mǎi dōngxi 買い物する
⑤ 中日辞典 ZhōngRì cídiǎn 名 中日辞典
⑥ 都 dōu 副 みんな, 全部, いずれも
⑦ 还 hái 副 ほかに, それに, その上
⑧ 给 gěi 介 〜に(〜してあげる／してくれる)
⑨ 皮鞋 píxié 名 革靴
⑩ 毛衣 máoyī 名 セーター
⑪ 钢笔 gāngbǐ 名 万年筆
⑫ 对了! Duìle! そうだ！
⑬ 电子辞典 diànzǐ cídiǎn 名 電子辞書
⑭ 不是〜吗? búshì~ma? 〜ではないか？(反問)
⑮ 生日礼物 shēngrì lǐwù 名 誕生日プレゼント
⑯ 真的? Zhēnde? 本当？
⑰ 太谢谢你了! 大変ありがとう！

一、常用量詞一覧：

| 个<br>ge | 幅広く物体にも、抽象的なものにも使える。 | 人 rén 人<br>问题 wèntí 問題 | 鸡蛋 jīdàn 卵<br>理想 lǐxiǎng 夢 | 苹果 píngguǒ 林檎<br>会议 huìyì 会議 |
|---|---|---|---|---|
| 本<br>běn | 書物など | 书 shū 本<br>辞典 cídiǎn 辞書 | 杂志 zázhì 雑誌<br>漫画 mànhuà 漫画 | 画报 huàbào 画報 |
| 张<br>zhāng | 平面の目立つもの | 纸 zhǐ 紙<br>票 piào 切符 | 地图 dìtú 地図<br>报纸 bàozhǐ 新聞 | 照片 zhàopiàn 写真<br>桌子 zhuōzi 机 |
| 把<br>bǎ | 握りのある物 | 剑 jiàn 剣<br>刀 dāo ナイフ | 雨伞 yǔsǎn 傘<br>椅子 yǐzi 椅子 | 扇子 shànzi 扇子<br>茶壶 cháhú 急須 |
| 条<br>tiáo | 細長いもの | 河 hé 川<br>街 jiē 通り | 鱼 yú 魚<br>蛇 shé 蛇 | 小路 xiǎolù 細道<br>裤子 kùzi ズボン |
| 件<br>jiàn | 衣服や荷物、事柄類 | 衣服 yīfu 服<br>事 shì 事 | 行李 xíngli 荷物<br>毛衣 máoyī セーター | 上衣 shàngyī 上着 |
| 块<br>kuài | かたまり状のもの | 砖 zhuān 煉瓦<br>肉 ròu 肉 | 石头 shítou 石<br>手表 shǒubiǎo 腕時計 | 肥皂 féizào 石鹸 |
| 枝<br>zhī | 細長い棒状のもの | 烟 yān タバコ<br>枪 qiāng 銃 | 铅笔 qiānbǐ 鉛筆 | 钢笔 gāngbǐ 万年筆 |
| 只<br>zhī | 小動物 | 猫 māo 猫<br>鸡 jī 鶏 | 鸟儿 niǎor 鳥<br>蝴蝶 húdié 蝶 | 老鼠 lǎoshǔ 鼠<br>松鼠 sōngshǔ 栗鼠 |
| 棵<br>kē | 草木など植物類 | 草 cǎo 草<br>树 shù 木 | 白菜 báicài 白菜 | 麦子 màizi 麦 |
| 架<br>jià | 機械など組み立てられたもの | 飞机 fēijī 飛行機<br>录音机 lùyīnjī テープレコーダー | 照相机 zhàoxìngjī カメラ | |
| 辆<br>liàng | 車、乗り物類 | 汽车 qìchē 自動車<br>自行车 zìxíngchē 自転車 | 火车 huǒchē 汽車<br>摩托车 mótuōchē バイク | 电车 diànchē 電車 |
| 双<br>shuāng | 2つのものが一組で成立しているもの | 鞋 xié 靴<br>手 shǒu 手 | 袜子 wàzi 靴下<br>眼睛 yǎnjing 目 | 手套 shǒutào 手袋<br>筷子 kuàizi 箸 |

## 二、連動文（1）：

ふつう動詞述語文では、述語には１つの動詞があてられている。例えば、

① 妈妈　做早饭。（母は朝ご飯を作る。）　　② 爸爸 喝咖啡。（父はコーヒーを飲む。）
Māma zuò zǎofàn.　　　　　　　　　　　　　Bàba hē kāfēi.

しかしながら、動詞述語文の中には、述語に２つ以上の動詞が連用されていて、１つの主語を共有する構文がある。このような構文を「連動文」と呼んでいる。

### 1) 連動文（1）の基本構文：

| 主語 | 述　　　語 | | |
|---|---|---|---|
| | 移動動詞 ＋ 場所(に) | ＋ | 目的(〜をしに) |
| | 動詞(1) ＋ 目的語(1) | ＋ | 動詞(2) ＋ 目的語(2) |

① 我　　　去　　　书店　　　　　　买　　　书。　　（私は本屋に本を買いに行く。）
　 Wǒ　　 qù　 shūdiàn　　　　　 mǎi　 shū.

② 妹妹　　来　　　日本　　　　　学习　日语。　（妹は日本に日本語を勉強しに来る。）
　 Mèimei　lái　 Rìběn　　　　　 xuéxí　Rìyǔ.

### 2) 連動文（1）の省略：文脈で分かる場合、場所を表す目的語（1）を省略可能である。

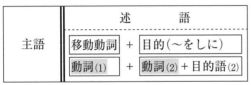

| 主語 | 述　　　語 | | |
|---|---|---|---|
| | 移動動詞 ＋ | | 目的(〜をしに) |
| | 動詞(1) ＋ | | 動詞(2) ＋ 目的語(2) |

① 我　　　去　　　买　　　书。　　　（私は本を買いに行く。）
② 妹妹　　来　　　学习　日语。　　（妹は日本語を勉強しに来る。）

## 三、語気助詞 “了1” と動相助詞 “了2”（1）：

### 1) 語気助詞 “了1”：文末に用い、「ある事態がすでに発生したことを認める」という話者の気持ちを表す。

| 主語 | 動詞 ＋ 目的語 ＋ 了 |
|---|---|

（語気助詞 “了1” は動詞述語文の文末に用いられる。）

① 問：你 去　　哪儿　了?　　　　　② 答：我 去 上海了。
③ 問：你 吃　　晚饭　了 吗?　　　④ 答：我 吃 晚饭了。

### 2) 動相助詞の “了2”：文中の動詞の後に置き、動作や状態の実現・完了を示す。

| 主語 | 動詞 ＋ 了 ＋ 数量詞 ＋ 目的語 |
|---|---|

（動相助詞の “了2” は動詞の後に接続する。）

① 問：你 看　　了　　几本　　小说?　　　② 答：我 看了 三本 小说。
③ 問：你 买　　了　　几个　　西瓜?　　　④ 答：我 买了 两个 西瓜。
⑤ 問：你 吃　　了　　多少个　饺子?　　　⑥ 答：我 吃了 十个 饺子。

★《替换练习 tìhuàn liànxí》

適当な単語を□に入れて、会話を練習しなさい。

### 1）量詞の練習

例 1 :

A：你 买 什么 了?

B：我 买了 A 一个 钱包 。

例 2 :

A：你 有 A 几本 辞典 ?

B：我 有 A 两本 辞典 。

例 3 :

A：你 吃了 A 几个 饺子 ?

B：我 吃了 A 十个 饺子 。

### 2）連動文（1）と"了1"、"了2"の練習

例 4 :

A：你 B 去 东京 做 什么 了?

B：我 B 去 东京 C 买 东西 了。

A：你 C 买 什么 东西 了?

B：我 C 买了 一个 手机 。

例 5 :

A：你 去 哪儿 了?

B：我 B 去 上海 了。

A：你 B 去 上海 C 做 什么 了?

B：我 B 去 上海 C 看电影 了。

A：你 C 看 什么 电影 了?

B：我 C 看 了 一个 美国 电影 。

例 6 :

A：你 B 来 学校 做什么?

B：我 B 来 学校 C 学英语 。

A：你 跟谁 一起 C 学英语 ?
　　　gēn　　yìqǐ

B：我 B 跟姐姐一起 C 学英语 。

《补充生词 bǔchōng shēngcí》

A：量词和名词 liàngcí hé míngcí

1）个 ge 個

① 钱包 qiánbāo 財布　② 书包 shūbāo 鞄

③ 手机 shǒujī 携帯　④ 鸡蛋 jīdàn 卵

⑤ 苹果 píngguǒ 林檎　⑥ 西瓜 xīguā 西瓜

2）本 běn 冊

① 书 shū 本　　② 小说 xiǎoshuō 小説

③ 杂志 zázhì 雑誌　④ 辞典 cídiǎn 辞書

3）件 jiàn 枚

① 上衣 shàngyī 上着　② 毛衣 máoyī セーター

4）枝 zhī 本

① 铅笔 qiānbǐ 鉛筆　② 钢笔 gāngbǐ 万年筆

5）双 shuāng 足、对、膳

① 皮鞋 píxié 革靴　② 袜子 wàzi 靴下

③ 手套 shǒutào 手袋　④ 筷子 kuàizi お箸

6）杯 bēi 杯

① 啤酒 píjiǔ ビール　② 红茶 hóngchá 紅茶

B：移動動詞(1) +（場所）目的語(1)

1）来 lái　　① 东京 Dōngjīng

2）去 qù　　② 北京 Běijīng

　　　　　　③ 上海 Shànghǎi

C：動詞(2) + 目的語(2)

① 买东西 mǎi dōngxi 買い物する

② 看电影 kàn diànyǐng 映画を見る

③ 听音乐 tīng yīnyuè 音楽を聴く

④ 学汉语 xué Hànyǔ 中国語を勉強する

⑤ 学开车 xué kāichē 車の運転を勉強する

⑥ 学唱歌 xué chànggē 歌を勉強する

⑦ 学跳舞 xué tiàowǔ ダンスを勉強する

⑧ 学打麻将 xué dǎmájiàng 麻雀を勉強する

# 第 **11** 课 | 这 是 你们 家 的 照片 吗?

**Dì shíyī kè** | **Zhè shì nǐmen jiā de zhàopiàn ma?**

**《 会话 huìhuà 》** 🔊 160

于姗：这 是 你们 家 的 照片 吗?
Yúshān: Zhè shì nǐmen jiā de zhàopiàn ma?

大西：对, 你看! 前边 坐着的 是
Dàxī: Duì, nǐkàn! Qiánbian zuòzhede shì

我父母。后边 是 我家 三姐妹。
wǒfùmǔ. Hòubian shì wǒjiā sānjiěmèi.

于姗：这个 在地上 趴着的 是谁?
Yúshān: Zhège zàidìshang pāzhede shìshéi?

大西：是 我弟弟呀!
Dàxī: Shì wǒdìdiya!

于姗：他 在 做什么呢?
Yúshān: Tā zài zuòshénmene?

大西：他 在 画熊猫。
Dàxī: Tā zài huàxióngmāo.

于姗：那, 你哥哥呢?
Yúshān: Nà, nǐgēgene?

大西：在这儿, 他 坐着 弹钢琴呢。
Dàxī: Zàizhèr, tā zuòzhe tángāngqínne.

于姗：哇! 你哥哥 好帅呀!
Yúshān: Wā! Nǐgēge hǎoshuàiya!

就像 电影 明星!
jiùxiàng diànyǐng míngxīng!

**《 生词 shēngcí 》** 🔊 161

① 照片 zhàopiàn 名 写真
② 你看! Nǐkàn! ご覧なさい！ほら！
③ 前边 qiánbian 方 前
④ 坐 zuò 动 座る
⑤ 着 zhe 助 (動詞＋着)〜ている
⑥ 父母 fùmǔ 名 両親
⑦ 后边 hòubian 方 後ろ
⑧ 三姐妹 sānjiěmèi 组 三姉妹
⑨ 地上 dìshang 名 地面に，床に
⑩ 趴 pā 动 腹ばいになる
⑪ 呀 ya 语助 よ
⑫ 在 zài 副 (動作の進行を表す)
　　　　 在＋動詞 〜している
⑬ 做 zuò 动 する
⑭ 画熊猫 huà xióngmāo 组 パンダを描く
⑮ 弹钢琴 tán gāngqín 组 ピアノを弾く
⑯ 呢 ne 语助 (事態がそのまま継続しているこ
　　　　 とを示す)
⑰ 哇! Wā 感 あら！まー！
⑱ 帅 shuài 形 格好いい
⑲ 好帅呀! hǎoshuàiya!
　　　　 なんと格好いいでしょう！
⑳ 像 xiàng 动 〜似ている，〜のようだ，
　　　　 〜みたい
㉑ 就像 jiùxiàng 〜みたい，まるで〜のようだ
㉒ 电影明星 diànyǐngmíngxīng 名 映画スター

78

## 一、方位詞 fāngwèicí：

方位詞は意味的には名詞と同じなので、名詞の下位分類として考えてよい。方位詞の基本的な形は以下の通りである。

| 単純方位詞 (一文字の方位詞) | 合成方位詞 (二文字以上の方位詞) | | | |
|---|---|---|---|---|
| 上 shàng | 上边 shàngbian | 上面 shàngmian | 上头 shàngtou | 上 |
| 下 xià | 下边 xiàbian | 下面 xiàmian | 下头 xiàtou | 下 |
| 前 qián | 前边 qiánbian | 前面 qiánmian | 前头 qiántou | 前 |
| 后 hòu | 后边 hòubian | 后面 hòumian | 后头 hòutou | 後 |
| 里 lǐ | 里边 lǐbian | 里面 lǐmian | 里头 lǐtou | 中 |
| 外 wài | 外边 wàibian | 外面 wàimian | 外头 wàitou | 外 |
| 东 dōng | 东边 dōngbian | 东面 dōngmian | 东头 dōngtou | 東 |
| 西 xī | 西边 xībian | 西面 xīmian | 西头 xītou | 西 |
| 南 nán | 南边 nánbian | 南面 nánmian | 南头 nántou | 南 |
| 北 běi | 北边 běibian | 北面 běimian | 北头 běitou | 北 |
| 左 zuǒ | 左边 zuǒbian | 左面 zuǒmian | | 左 |
| 右 yòu | 右边 yòubian | 右面 yòumian | | 右 |
| 旁 páng | 旁边 pángbiān | | | そば、傍ら、横 |
| 中 zhōng | 中间 zhōngjiān | | | 真ん中 |

## 二、副詞 "在" と進行相：　動作が進行中であることを表す。（主＝主語、動＝動詞、目＝目的語）

構文　主＋在＋動＋目

① 問：你爸爸 在 看什么?　　答：他 在 看 报。
② 問：你妈妈 在 做什么?　　答：她 在 做 饭。
③ 問：你姐姐 在 做什么?　　答：她 在 打 电话。
④ 問：你哥哥 在 干什么?　　答：他 在 开 车。
⑤ 問：你弟弟 在 写什么?　　答：他 在 做 作业。
⑥ 問：你　 在 等 谁?　　答：我 在 等 你。

### 动宾词组 dòngbīn cízǔ

① 看报 kànbào 新聞を読む
② 做饭 zuòfàn ご飯を作る
③ 打电话 dǎdiànhuà 電話する
④ 干 gàn やる、する
⑤ 开车 kāichē 運転する
⑥ 写 xiě 書く
⑦ 做作业 zuòzuòyè 宿題をやる
⑧ 等 děng 待つ

## 三、"着" と姿勢動詞：姿势动词 zīshìdòngcí ＋着

体の姿勢（「立つ」「座る」など）を表す動詞をここで 姿势动词 （姿勢動詞）と呼ぶ。姿势动词 ＋着 は動作主の動作の結果がそのままの姿で残存している状態を表す。以下はその主な用法である。

### 1) 持続相：ある姿勢の持続を表す。

構文 | 主語＋在(場所)＋姿勢動詞＋着（呢）|

① 妈妈（在沙发上）　坐 着（呢）。
② 哥哥（在舞台上）　站 着（呢）。
③ 姐姐（在床上）　　躺 着（呢）。
④ 爸爸（在草地上）　蹲 着（呢）。
⑤ 弟弟（在地上）　　趴 着（呢）。
⑥ 小猫（在椅子下）　卧 着（呢）。

| ア：名词（場所） | イ：姿势动词 |
|---|---|
| ① 沙发 shāfā ソファ | ① 坐 zuò 座る |
| ② 舞台 wǔtái 舞台 | ② 站 zhàn 立つ |
| ③ 床 chuáng ベッド | ③ 躺 tǎng 横になる |
| ④ 草地 cǎodì 芝生 | ④ 蹲 dūn しゃがむ |
| ⑤ 椅子 yǐzi 椅子 | ⑤ 趴 pā 腹ばいになる |
| ⑥ 小猫 xiǎomāo 子猫 | ⑥ 卧 wò 横たえる |

### 2) 連動文（2）：ある姿勢をもってある動作を行う。

構文 | 主語＋在(場所)＋姿勢動詞＋着＋動詞＋目的語（呢）|

① 妈妈（在沙发上）　坐 着 看 电视（呢）。
② 哥哥（在舞台上）　站 着 唱 歌 （呢）。
③ 姐姐（在床上）　　躺 着 听 音乐（呢）。
④ 爸爸（在草地上）　蹲 着 喝 啤酒（呢）。
⑤ 弟弟（在地上）　　趴 着 画 画儿（呢）。
⑥ 小猫（在椅子下）　卧 着 睡觉 （呢）。

| C：动宾词组 dòngbīn cízǔ |
|---|
| ① 看电视 kàn diànshì テレビを見る |
| ② 唱歌 chànggē 歌を歌う |
| ③ 听音乐 tīngyīnyuè 音楽を聴く |
| ④ 喝啤酒 hēpíjiǔ ビールを飲む |
| ⑤ 画画儿 huàhuàr 絵を描く |
| ⑥ 睡觉 shuìjiào 寝る |

### 3) 連体修飾語としての用法：

構文 | 在(場所)＋姿勢動詞＋着＋動詞＋目的語＋的＋(中心语)＋〜 |

① 問：那个 在沙发上 坐着 看 电视 的 人 是谁?　　　答：是 我妈妈。
② 問：那个 在舞台上 站着 唱 歌 的 是 你弟弟吧?　　答：不，是 我哥哥。

《 练习1 liànxíyi 》 下記の語句の声調を正しく書き取りなさい。 🔊 162

| ① kan shu | ② he jiu | ③ chi fan | ④ da gong | ⑤ xie xin |
|---|---|---|---|---|
| 看 书 | 喝 酒 | 吃 饭 | 打 工 | 写 信 |

| ⑥ kai che | ⑦ qi ma | ⑧ zuo fan | ⑨ xi wan | ⑩ chang ge |
|---|---|---|---|---|
| 开 车 | 骑 马 | 做 饭 | 洗 碗 | 唱 歌 |

適当な単語を□に入れて、会話を練習しなさい。

### 1) "方位词" の練習

例1：

A：你 B 妈妈 (的) A 左边 是谁?

B：我 B 妈妈 (的) A 左边 是我 B 弟弟。

A：那，你 B 妈妈 (的) A 右边 呢?

B：她 A 右边 是我 B 哥哥。

### 2) "方位词" と 姿势动词＋着 構文の練習

例2：

A：哪个是你 B 哥哥?

B：在 A 前边 イ 站着 C 唱歌 的是我 B 哥哥。

A：那，哪个是你 B 姐姐?

B：在 A 后边 イ 坐着 C 弹钢琴 的是我 B 姐姐。

### 3) 姿势动词＋着 構文の練習

例3：

A：你 B 妈妈 在哪儿?

B：我 B 妈妈 在 ア 沙发 上 イ 坐 着呢。

A：那，你 B 姐姐 呢?

B：她 在 ア 床 上 イ 躺 着 C 看小说 呢。

### 4) 在＋动作动词 構文（進行相）の練習

例4：

A：谁在 C 打电话?

B：我 B 妈妈 在 C 打电话。

例5：

A：你 B 姐姐 在 C 做 什么?

B：她在 C 看 小说。

A：她在 C 看 什么 小说?

B：她在 C 看 法国 小说。

《补充生词 bǔchōng shēngcí 》

A：方位词 fāngwèicí
① 上边 shàngbian    ② 下边 xiàbian
③ 前边 qiánbian    ④ 后边 hòubian
⑤ 左边 zuǒbian    ⑥ 右边 yòubian
⑦ 旁边 pángbiān    ⑧ 中间 zhōngjiān

B：家人 jiārén
① 爷爷    ② 奶奶
③ 爸爸    ④ 妈妈
⑤ 哥哥    ⑥ 姐姐
⑦ 弟弟    ⑧ 妹妹

C：动宾词组 dòngbīn cízǔ

1) 吃 chī 食べる
① 早饭 zǎofàn    ② 午饭 wǔfàn
③ 晚饭 wǎnfàn    ④ 米饭 mǐfàn
⑤ 饺子 jiǎozi    ⑥ 菜 cài

2) 喝 hē 飲む
① 红茶 hóngchá    ② 乌龙茶 wūlóngchá
③ 绿茶 lǜchá    ④ 减肥茶 jiǎnféichá
⑤ 花茶 huāchá    ⑥ 健美茶 jiànměichá
⑦ 酒 jiǔ    ⑧ 咖啡 kāfēi
⑨ 可乐 kělè    ⑩ 牛奶 niúnǎi

3) 看 kàn 見る、読む
① 书 shū    ② 小说 xiǎoshuō
③ 杂志 zázhì    ④ 电影 diànyǐng
⑤ 报纸 bàozhǐ    ⑥ 电视剧 diànshìjù
⑦ 漫画 mànhuà    ⑧ 动漫 dòngmàn

4) 打 dǎ やる、する
① 手机 shǒujī    ② 电话 diànhuà
③ 球 qiú    ④ 网球 wǎngqiú
⑤ 篮球 lánqiú    ⑥ 手球 shǒuqiú
⑦ 水球 shuǐqiú    ⑧ 羽毛球 yǔmáoqiú
⑨ 排球 páiqiú    ⑩ 乒乓球 pīngpāngqiú

# 第12课 | 你 每天 几点 起床?
**Dì shí'èr kè** | **Nǐ měitiān jǐdiǎn qǐchuáng?**

## 会话 huìhuà 🔊 163

大西 : 你 每天 几点 起床?
Dàxī: Nǐ měitiān jǐdiǎn qǐchuáng?

于姗 : 六点 起。一起来, 就 洗脸、做饭,
Yúshān: Liùdiǎn qǐ. Yìqǐlái, jiù xǐliǎn, zuòfàn,

　　　 然后 看着 电视 吃 早饭。
　　　 ránhòu kànzhe diànshì chī zǎofàn.

大西 : 早上 你 怎么 去 学校?
Dàxī: Zǎoshang nǐ zěnme qù xuéxiào?

于姗 : 骑车 去。七点 出门, 八点 到校,
Yúshān: Qíchē qù. Qīdiǎn chūmén, bādiǎn dàoxiào,

　　　 上午 下午 都 上课。
　　　 shàngwǔ xiàwǔ dōu shàngkè.

大西 : 你 晚上 打工 吗?
Dàxī: Nǐ wǎnshang dǎgōng ma?

于姗 : 打。我 十点 多 回家, 然后
Yúshān: Dǎ. Wǒ shídiǎn duō huíjiā, ránhòu

　　　 吃饭、洗澡, 一点 左右 睡觉。
　　　 chīfàn、 xǐzǎo, yìdiǎn zuǒyòu shuìjiào.

大西 : 你 太辛苦了! 早点儿 休息吧!
Dàxī: Nǐ tàixīnkǔle! Zǎodiǎnr xiūxiba!

　　　 明天 不要 迟到!
　　　 Míngtiān búyào chídào!

## 生词 shēngcí 🔊 164

### 时间词 shíjiāncí
① 几点 何時　② 六点 六時
③ 七点 七時　④ 八点 八時
⑤ 一点左右 一時前後
⑥ 十点多 十時過ぎ
⑦ 每天 měitiān 毎日
⑧ 早上 zǎoshang 朝
⑨ 晚上 wǎnshang 夜
⑩ 上午 shàngwǔ 午前
⑪ 下午 xiàwǔ 午後

### 动宾词组 dòngbīn cízǔ
① 起床 qǐchuáng 起きる(=起来)
② 洗脸 xǐliǎn 顔を洗う
③ 做饭 zuòfàn ご飯を作る
④ 看电视 kàn diànshì テレビを見る
⑤ 吃早饭 chī zǎofàn 朝食を食べる
⑥ 骑车 qíchē 自転車に乗る
⑦ 出门 chūmén 出かける
⑧ 到校 dàoxiào 学校に着く
⑨ 上课 shàngkè 聴講する
⑩ 打工 dǎgōng バイトをする
⑪ 回家 huíjiā 家に帰る
⑫ 洗澡 xǐzǎo お風呂に入る
⑬ 睡觉 shuìjiào 寝る(=睡)
⑭ 迟到 chídào 遅刻する
⑮ 休息 xiūxi 休む

### 其他生词 qítāshēngcí
① 怎么 zěnme 疑 どのように(方式を尋ねる)
② 然后 ránhòu 副 それから,その後
③ 着 zhe 助 ～して(～する),～しながら(～する)
④ 太辛苦了! tàixīnkǔle!
　　　　　　 大変ご苦労様,大変お疲れ様
⑤ 早点儿 zǎodiǎnr 形 早く,早めに
⑥ 不要 búyào 副 ～してはいけない,～するな

《语法 yǔfǎ》

**一、時間の言い方：**

**1）時刻の言い方：**

2：00 （口語） 两点（钟）liǎngdiǎn(zhōng)　　（書面語）　二时 èrshí

注１：口語では、"二"ではなく"两"を使う。

注２：時刻の言い方の末尾の"钟"は省略してもよい。

| | | | |
|---|---|---|---|
| 1：00 | 一点<br>yīdiǎn | 7：45 | 七点三刻<br>qīdiǎn sānkè |
| 2：00 | 两点整<br>liǎngdiǎnzhěng | 8：45 | 八点四十五分<br>bādiǎn sìshiwǔfēn |
| 3：30 | 三点半<br>sāndiǎn bàn | 11：55 | 差五分十二点<br>chàwǔfēn shí'èrdiǎn |
| 4：30 | 四点三十分<br>sìdiǎn sānshifēn | 12：55 | 十二点五十五分<br>shí'èrdiǎn wǔshiwǔfēn |
| 5：15 | 五点十五分<br>wǔdiǎn shíwǔfēn | 21：02 | 二十一点零二分<br>èrshiyīdiǎn líng'èrfēn |
| 6：15 | 六点一刻<br>liùdiǎn yíkè | 24：36 | 二十三点三十六分<br>èrshisāndiǎn sānshiliùfēn |

**2）時刻の尋ね方：**

① 問：现在 几点?　　　　　　　　　答：九点。

② 問：现在 几点钟?　　　　　　　　答：十点钟。

③ 問：现在 几点了?　　　　　　　　答：十二点了。

④ 問：现在 到八点了吗?　　　　　　答：还没有，现在 差五分八点。

**3）時間詞の文中における位置：動作が行われるときの時の表現は動詞句の前に置かれる。**

① 問：你 早上 几点 起床?　　　　　答：我 早上 七点钟 起床。

② 問：你爸爸 早上 几点 出门?　　　答：他 八点钟 出门。

③ 問：你妈妈 下午 几点 回家?　　　答：她 六点半 回家。

④ 問：你们家 晚上 几点 吃饭?　　　答：七点一刻 吃饭。

⑤ 問：你爷爷 晚上 几点 睡觉?　　　答：他 晚上 十二点半 睡觉。

## 二、名詞述語文と動詞述語文 (2)：

「今何時です」と言うとき、月日などの場合と同じく、特に強調するのでないかぎり、動詞 "是" を用いず、名詞述語文になる。

**1) 名詞述語文** ——————→ 名詞述語文

| A ＋ B? | 疑問文 | 肯定文 | A ＋ B |

現在　几点?　　　　　　　　　　　　現在　八点半。

**2) 動詞述語文** ——————→ 動詞述語文

| A ＋是＋ B? | 疑問文 | 否定文 | A ＋不是＋ B |

現在 是 八点半吗?　　　　　　　　　現在 不是 八点半。

**3) 動詞述語文** ——————→ 動詞述語文

| A ＋是不是＋ B? | 疑問文 | 肯定文 | A ＋ 是 ＋ B |

現在 是不是 八点半?　　　　　　　　現在 是 八点半。

## 三、連動文 (3)：("着" と２つの動作の同時進行)　〜しながら (〜する)、〜して (〜する)

２つの動詞の間に用いる(２つの動作が同時に行われていること、或いは動作の方式などを表す)。

構文

| 主語 | 述　　語 |
|---|---|
| | 動詞⑴ ＋着＋ 目⑴ ＋ 動詞⑵ ＋ 目⑵ |

① 我　　看 着　电视　吃　饭。
② 哥哥　开 着　车　　打　手机。
③ 姐姐　唱 着　歌　　洗　衣服。
④ 爸爸　喝 着　咖啡　看　报。
⑤ 弟弟　听 着　音乐　画　熊猫。
⑥ 我们　聊 着　天儿　散　步。

**ア：动宾词组 dòngbīn cízǔ**

① 开车 kāichē 車を運転する
② 唱歌 chànggē 歌を歌う
③ 洗衣服 xǐ yīfu 洗濯する
④ 看报 kànbào 新聞を読む
⑤ 听音乐 tīng yīnyuè 音楽を聴く
⑥ 聊天儿 liáotiānr お喋りをする
⑦ 散步 sànbù 散歩する

《練習 1 liànxíyī》 次の中国語を日本語に訳しなさい。

1) 妈妈 经常 唱着歌 做饭。　訳文：＿＿＿＿＿＿＿＿＿＿＿
　　　jīngcháng
2) 不要 开着车 打手机。　　訳文：＿＿＿＿＿＿＿＿＿＿＿

3) 我喜欢 听着音乐 散步。　訳文：＿＿＿＿＿＿＿＿＿＿＿

4) 我们 常常 喝着酒 聊天儿。　訳文：＿＿＿＿＿＿＿＿＿＿＿

**《生词》**

① 经常 jīngcháng 圖
　いつも, よく, しょっちゅう
② 常常 chángcháng 圖
　いつも, よく（＝经常）

適当な単語を□に入れて、会話を練習しなさい。

### 1）時刻の尋ね方の練習

例1：
jǐdiǎnzhōng
A：现在　几点钟?　　　　　B：现在　A 八点钟。

例2：
A：现在几点了?
B：现在　A 下午 两点半 了。

例3：
A：到　A 中午 十二点 了吗?
B：还没有，　现在　A 差五分 十二点。
Háiméiyǒu, xiànzài　　chàwǔfēn shí'èrdiǎn.

### 2）時間詞の文中における位置の練習

例4：
měitiān zǎoshang　　　　qǐchuáng
A：你 每天　早上　几点 B 起床?
B：我 A 七点一刻 B 起床。

例5：
zǎoshang　　　　qù gōngsī
A：你爸爸　早上 几点 B 去 公司?
B：他 A 早上 八点整 B 去 公司。

例6：
míngtiān　　　　chūfā
A：你哥哥 A 明天　几点 B 出发?
B：他 A 明天 早上 九点半 B 出发。

例7：
qǐfēi
A：C 飞机 几点 C 起飞?
B：A 明天 上午 十一点 C 起飞。

例8：
shénmeshíhou qù Měiguó
A：你爸爸　什么时候　去 美国?
B：他 A 明年　三月 去 美国。
míngnián sānyuè

≪补充生词 bǔchōng shēngcí≫

**A：时间词 shíjiān cí**
① 今天 jīntiān　　② 明天 míngtiān
③ 后天 hòutiān　　④ 早上 zǎoshang
⑤ 上午 shàngwǔ　　⑥ 中午 zhōngwǔ
⑦ 下午 xiàwǔ　　⑧ 晚上 wǎnshang
⑨ 什么时候 shénmé shíhou いつ

① 一点 yīdiǎn　　② 两点 liǎngdiǎn
③ 三点 sāndiǎn　　④ 四点半 sìdiǎnbàn
⑤ 五点整 wǔdiǎnzhěng
⑥ 七点钟 qīdiǎnzhōng
⑦ 八点一刻 bādiǎnyíkè
⑧ 九点五分 jiǔdiǎnwǔfēn
⑨ 十点二十一分 shídiǎn'èrshiyīfēn
⑩ 差五分十一点 chàwǔfēnshíyīdiǎn
⑪ 差一刻十二点 chàyíkèshí'èrdian
⑫ 十九点三十八分 shíjiǔdiǎnsānshibāfēn
⑬ 二十一点四十分 èrshiyīdiǎnsìshifēn

**B：动词和动宾词组 dòngcí hé dòngbīn cízǔ**
① 起床 qǐchuáng　　② 做早饭 zuò zǎofàn
③ 出发 chūfā　　④ 吃早饭 chī zǎofàn
⑤ 出门 chūmén　　⑥ 吃午饭 chī wǔfàn
⑦ 上课 shàngkè　　⑧ 吃晚饭 chī wǎnfàn
⑨ 打工 dǎgōng　　⑩ 去学校 qù xuéxiào
⑪ 回家 huíjiā　　⑫ 去公司 qù gōngsī
⑬ 回来 huílái　　⑭ 睡觉 shuìjiào

**C：主谓词组 zhǔwèi cízǔ**
① 飞机 fēijī 飛行機　　① 起飞 qǐfēi 離陸
② 列车 lièchē 列車　　② 发车 fāchē 発車
③ 火车 huǒchē 汽車　　③ 到站 dàozhàn 到着
④ 电影 diànyǐng 映画　　④ 开演 kāiyǎn 開始
⑤ 比赛 bǐsài 試合　　⑤ 开始 kāishǐ 開始

# 第 **13** 课 ┃ 你 喝可乐，还是 喝咖啡？
Dì shísān kè ┃ Nǐ    hēkělè,    háishi    hēkāfēi?

《会话 huìhuà》 🔊 165

大西：你 喝可乐，还是 喝咖啡？
Dàxī:    Nǐ    hēkělè,    háishi    hēkāfēi?

于姗：我 喝茶。
Yúshān: Wǒ   hēchá.

大西：你 喝红茶，还是 喝绿茶？
Dàxī:    Nǐ   hēhóngchá,   háishi   hēlǜchá?

于姗：我 喝红茶。
Yúshān: Wǒ   hēhóngchá.

大西：你 吃饺子，还是 吃米饭？
Dàxī:    Nǐ   chījiǎozi,    háishi   chīmǐfàn?

于姗：我 想 吃饺子，你呢？
Yúshān: Wǒ xiǎng chījiǎozi,    nǐne?

大西：那 我 也 吃饺子吧。对了！
Dàxī:    Nà   wǒ   yě   chījiǎoziba.    Duìle!

你 会 包饺子吗？
Nǐ   huì   bāojiǎozima?

于姗：当然 会啦！
Yúshān: Dāngrán   huìla!

大西：那 有机会，教我 包饺子，好吗？
Dàxī:    Nà   yǒujīhuì,    jiāowǒ bāojiǎozi,    hǎoma?

于姗：没问题！
Yúshān: Méiwèntí!

《生词 shēngcí》 🔊 166

① 喝 hē 动 飲む
② 可乐 kělè 名 コーラ
③ 还是 háishi 接 それとも
④ 咖啡 kāfēi 名 コーヒー
⑤ 茶 chá 名 お茶
⑥ 红茶 hóngchá 名 紅茶
⑦ 绿茶 lǜchá 名 緑茶
⑧ 饺子 jiǎozi 名 餃子
⑨ 米饭 mǐfàn 名 ライス
⑩ 想 xiǎng 助动 ～たい
⑪ 那 nà 接 それでは, それなら
⑫ 也 yě 副 も
⑬ 吧 ba 语助 ～しましょう
⑭ 对了！ Duìle! そうだ！
⑮ 会 huì 助动 ～できる
⑯ 包饺子 bāo jiǎozi 餃子を作る
⑰ 当然 dāngrán もちろん
⑱ 啦 la 语助 よ
⑲ 有机会 yǒu jīhuì チャンスがあれば，～
⑳ ～，好吗？ ~, hǎoma?
           ～，よろしいですか？
㉑ 教 jiāo 动 教える
㉒ 没问题！ Méi wèntí! 大丈夫だ！
       問題ない！ 任せて下さい！

**一、選択疑問文：**

　　選択肢を２つ並べて、それを"(是) ～，还是～"で接続し、そのうち１つを選ばせる疑問文を「選択疑問文」という。

**1) 主語を２つ並べて、**
① 問：(是) 你 去北京，还是 她 去北京?　　　答：(是) 她 去北京。
② 問：(是) 你 高，还是 你弟弟 高?　　　答：(是) 我弟弟 高。

**2) 目的語を２つ並べて、**
① 問：你去 北京，还是 去 上海?　　　答：我 去 北京。
② 問：你喝 红茶，还是 喝 咖啡?　　　答：我 喝 咖啡。

**3) 連用修飾語（1）（動作を行う時間）を２つ並べて、**
① 問：你 今天 去北京，还是 明天 去北京?　　　答：我 明天 去。
② 問：你 上午 来我家，还是 下午 来我家?　　　答：我 下午 去你家。

**4) 連用修飾語（2）（動作を行う場所）を２つ並べて、**
① 問：你 在家 吃午饭，还是 在学校 吃午饭?　　答：我 在学校 吃午饭。
② 問：你爸爸 在北京 工作，还是 在上海 工作?　答：他 在东京 工作。

**5) 連用修飾語（3）（動作を行う方式・手段）を２つ並べて、**
① 問：你 站着 看书，还是 坐着 看书?　　　答：我 站着 看 吧。
② 問：你 坐车 去学校，还是 开车 去学校?　　　答：我 骑马 去学校。

**6) 連体修飾語（1）（主語を修飾するもの）を２つ並べて、**
① 問：美国 电影 好看，还是 英国 电影 好看?　　答：美国电影 好看。
② 問：日本 菜 好吃，还是 法国 菜 好吃?　　　答：都好吃。

**7) 連体修飾語（2）（目的語を修飾するもの）を２つ並べて、**
① 問：你 看 英国 小说，还是 看 美国 小说?　　答：我 看 英国小说。
② 問：你 喝 日本 绿茶，还是 喝 英国 红茶?　　答：我 喝 日本绿茶。

## 8) 数量補語を2つ並べて、

① 問：北京 你去了 三次 ，还是 四次 ？　　　答：我 去了 三次 。

② 問：你 去美国 一年 ，还是 两年 ？　　　答：我 去美国 一年 。

## 9) 述語動詞を2つ並べて、

① 問：你是 借 书, 还是 买 书?　　　答：我是 借书, 不是 买书。

② 問：你是 表扬 我呢, 还是 讽刺 我呢?　　　答：我 当然 是 表扬 你呢。
　　　　　　　biǎoyáng　　　　fěngcì　　　　　　　　　　dāngrán

---

**二、助動詞 "想"：** 願望を表す助動詞であり、「〜したい」という意味を表す。

| 主語 | 想 + 動作動詞 + 目的語 |
|---|---|

① 問：你 想 吃 什么?　　　答：我 想 吃饺子。

② 問：你 想 几点 来 我家?　　　答：我 想 下午 三点 去你家。

③ 問：你 想不想 喝 咖啡?　　　答：不想 ，我 想 喝红茶。

④ 問：你 想 去 美国 吗?　　　答：不想 ，有 机会，我 想 去英国。

---

**三、助動詞 "会"：**

| 主語 | 会 + 動作動詞 + 目的語 |
|---|---|

① 問：你 会 开 车 吗?　　　答：会 。

② 問：你 会 开 飞机 吗?　　　答：我 不会 ，我爸爸 会 。

③ 問：你 不会 骑 自行车 吗?　　　答：不会 ，我 会 骑马。

④ 問：你 会不会 说 英语?　　　答：我 会 说 一点儿, 不过 说不好。

---

《练习 1 liànxíyī》 音声を聞いて下記の語句のピンインと声調記号を正しく書き取りなさい。🔊 167

① _____　　② _____　　③ _____　　④ _____　　⑤ _____
看 电影　　　喝 啤酒　　　吃 饺子　　　打 网球　　　说 日语

⑥ _____　　⑦ _____　　⑧ _____　　⑨ _____　　⑩ _____
写 小说　　　开 汽车　　　学 汉语　　　坐 电车　　　去 英国

適当な単語を □ に入れて、会話を練習しなさい。

1）選択疑問文の練習

例1：

A：你 [A] 去中国，还是 [B] 你爸爸 [A] 去中国？

B：是 [B] 我爸爸 [A] 去中国。

例2：

A：你 [A] 喝咖啡，还是 [A] 喝红茶？

B：我 [A] 喝咖啡。

例3：

A：你 [A] 坐电车 去上海，还是 [A] 坐船 去上海？

B：我 [A] 开飞机 去。

2）助動詞"想"と選択疑問文の練習

例4：

A：你 想 [A] 吃饺子，还是 想 [A] 吃米饭？

B：我 想 [A] 吃饺子。

例5：

A：是你想 [A] 喝酒，还是你 [B] 爸爸 想 [A] 喝酒？

B：是 我 [B] 爸爸 想 [A] 喝酒。

3）助動詞"会"と選択疑問文の練習

例6：

A：是你会 [A] 骑马，还是你 [B] 妈妈 会 [A] 骑马？

B：是我 [B] 妈妈 会 [A] 骑马。

4）助動詞"想"、"会"と選択疑問文の総合練習

例7：

A：你 想 [A] 喝 日本酒，还是 想 [A] 喝 法国酒？

B：我 不会 [A] 喝 酒，我 想 [A] 喝 花茶。

[A]：动宾词组 dòngbīn cízǔ

1） 去 qù 行く

① 美国 Měiguó ② 法国 Fǎguó
③ 大阪 Dàbǎn ④ 东京 Dōngjīng
⑤ 北京 Běijīng ⑥ 香港 Xiānggǎng

2） 喝 hē 飲む

① 绿茶 lǜchá ② 花茶 huāchá
③ 可乐 kělè ④ 日本酒 Rìběnjiǔ
⑤ 牛奶 niúnǎi ⑥ 法国酒 Fǎguójiǔ

3） 吃 chī 食べる

① 饺子 jiǎozi ② 米饭 mǐfàn
③ 包子 bāozi ④ 韩国菜 Hánguócài
⑤ 馒头 mántou ⑥ 日本菜 Rìběncài

4） 看 kàn 見る，読む

① 书 shū ② 报纸 bàozhǐ
③ 杂志 zázhì ④ 小说 xiǎoshuō
⑤ 电视 diànshì ⑥ 电影 diànyǐng

5） 买 mǎi 買う

① 手机 shǒujī ② 电话 diànhuà
③ 钱包 qiánbāo ④ 书包 shūbāo

6） 开 kāi 運転，操縦

① 车 chē ② 飞机 fēijī
③ 船 chuán ④ 电车 diànchē

7） 骑 qí 乗る

① 马 mǎ ② 摩托车 mótuōchē

8） 坐 qí 乗る

① 船 chuán ② 电车 diànchē

[B]：家人

① 爸爸 ② 妈妈
③ 哥哥 ④ 姐姐
⑤ 弟弟 ⑥ 妹妹

**著者紹介**

朱 継征　新潟大学名誉教授

厦門大学中文系及び北京外国語大学日本語学部卒業。東京都立大学大学院人文科学研究科博士課程修了。金沢大学で博士（文学）学位取得。北京語言大学講師、新潟大学助教授を経て、新潟大学大学院現代社会文化研究科教授。代表作：『中国語の動相』（白帝社，2000年）。著書、論文、訳書、教材多数。

快音快調中国語　（初級）

2023.4.20　初版第 1 刷発行
2024.2.1　初版第 2 刷発行

発行所　　　株式会社　駿河台出版社
発行者　上 野 名 保 子
〒101-0062　東京都千代田区神田駿河台 3-7
電話　03-3291-1676
FAX　03-3291-1675
E-mail : edit@e-surugadai.com
URL : http://www.e-surugadai.com

組版・印刷・製本　萩原印刷株式会社

ISBN978-4-411-03158-7　C1087　￥2400E

中国語音節全表

| 韻母／声母 | 1 | | | | | | | | | | | | | | i | ia | iao | ie |
|---|---|---|---|---|---|---|---|---|---|---|---|---|---|---|---|---|---|---|
| | a | o | e | -i | er | ai | ei | ao | ou | an | en | ang | eng | ong | i | ia | iao | ie |
| **b** | ba | bo | | | | bai | bei | bao | | ban | ben | bang | beng | | bi | | biao | bie |
| **p** | pa | po | | | | pai | pei | pao | pou | pan | pen | pang | peng | | pi | | piao | pie |
| **m** | ma | mo | me | | | mai | mei | mao | mou | man | men | mang | meng | | mi | | miao | mie |
| **f** | fa | fo | | | | | fei | | fou | fan | fen | fang | feng | | | | | |
| **d** | da | | de | | | dai | dei | dao | dou | dan | | dang | deng | dong | di | | diao | die |
| **t** | ta | | te | | | tai | | tao | tou | tan | | tang | teng | tong | ti | | tiao | tie |
| **n** | na | | ne | | | nai | nei | nao | nou | nan | nen | nang | neng | nong | ni | | niao | nie |
| **l** | la | | le | | | lai | lei | lao | lou | lan | | lang | leng | long | li | lia | liao | lie |
| **g** | ga | | ge | | | gai | gei | gao | gou | gan | gen | gang | geng | gong | | | | |
| **k** | ka | | ke | | | kai | kei | kao | kou | kan | ken | kang | keng | kong | | | | |
| **h** | ha | | he | | | hai | hei | hao | hou | han | hen | hang | heng | hong | | | | |
| **j** | | | | | | | | | | | | | | | ji | jia | jiao | jie |
| **q** | | | | | | | | | | | | | | | qi | qia | qiao | qie |
| **x** | | | | | | | | | | | | | | | xi | xia | xiao | xie |
| **zh** | zha | | zhe | zhi | | zhai | zhei | zhao | zhou | zhan | zhen | zhang | zheng | zhong | | | | |
| **ch** | cha | | che | chï | | chai | | chao | chou | chan | chen | chang | cheng | chong | | | | |
| **sh** | sha | | she | shi | | shai | shei | shao | shou | shan | shen | shang | sheng | | | | | |
| **r** | | | re | ri | | | | rao | rou | ran | ren | rang | reng | rong | | | | |
| **z** | za | | ze | zi | | zai | zei | zao | zou | zan | zen | zang | zeng | zong | | | | |
| **c** | ca | | ce | ci | | cai | | cao | cou | can | cen | cang | ceng | cong | | | | |
| **s** | sa | | se | si | | sai | | sao | sou | san | sen | sang | seng | song | | | | |
| | a | o | e | | er | ai | ei | ao | ou | an | en | ang | eng | | yi | ya | yao | ye |